오직 한 사람을 위한 * 여행

양정훈 여행수필

북즈핌 책 이야기

Prologue

여행은 본질적으로
한 세계와, 그 세계를 부여받은 개인의 내면을
제멋대로 해석하는 독선을 갖는다.

여행자는 결국

이 독선의 희열과 비극을 각오한 자들이다.

PROVENCE

남쪽에서 부는 —— 바람

어둠의 —— 쓸모

01

선생님. 여행은 연극 무대 같았습니다.

그럼 이제 환하게 조명을 켜겠습니다. '조명을 받은 것들은 그게 무엇이든 무대 위에 주인공이 된다.' 얼마나 그럴싸한 말입니까? 어떻게 무대를 밝힐 것인가, 이처럼 멋진 질문이 없겠다 싶었습니다. 오랜 시간이 지나서야 선생님은 빛이 아니라 어둠의 쓸모에 관해 말씀해주셨습니다. 불필요한 불을 끄는 것. 저마다 빛을 받아 저마다 발광하는 무대에 기어이 어둠을 주고, 핀 조명 하나를 귀하게 비추는 것. 덜 중요한 걸 지우는 거야말로 고급 기술이라고 하셨습니다.

여행을 왜 하냐는 질문에 '찾기 위해서'라고 답할 때가 있었습니

다. 새로운 세상을 탐험하기 위해서, 삶의 숨은 장면을 만나기 위해서, 자기 자신을 발견하기 위해서. '찾기 위해서'라는 말은 참 유용하고 그럴싸한 말 아닌가요? 여행의 조도를 최대로 밝히고, 모든 빛을 구석구석 켜놓고 싶었습니다. 그러나 이제야 겨우 저는 여행의 조명을 낮추는 기술에 관해 생각해봅니다. 무대를 환히 밝히는 일 못지않게 불필요한 것들을 덜어내는 일. 과감히 자신의 불을 끄고, 여행의 배경이 되는 일. 그렇게 여행을 통해 지워져야 하는 자신도 있었습니다.

선생님. 날마다 주인공인 여행자는 없다고 하셨죠? 저도 선생님처럼 여행의 불을 끌 수 있는 사람이면 좋겠습니다. 잊을 수 있는 것들을 다 잊고, 이미 가진 자기를 탈탈 털어낼 수 있는 여행자면 좋겠습니다. 남은 내가 너무 작아서 잠시 초라할지도 모르겠지만, 그 밤의 꿈은 참 단출하고 편안할 테지요?

여행이 무엇인지 아직 알지 못하겠습니다.
그래도 선생님, 저는 지워지고 싶습니다.

파리공항에서

02

공항은 사람들로 북적였다. 남자는 무언가를 열심히 찾고 있었다. 비행편은 아닌 것 같았다. 출국 게이트 쪽보다는 오히려 작은 매장과 매장 사이를 뒤지고 다녔다. 고작 몇 분이 지났지만, 그의 얼굴에는 당혹스러움과 긴장감이 역력했다. 그때 막 화장실에서 나온 여자가 이곳저곳을 기웃거리는 남자의 뒷모습을 보더니 종종걸음으로 다가가 그의 팔짱을 낀다. 남자는 여자를 확인하고는 짧게 탄식을 내뱉는다. 그리고는 팔짱을 차갑게 휙 풀고 다짜고짜 여자에게 소리를 지른다. 여자는 잠시 당황하더니 황당한 얼굴로 뭐라고 큰 소리로 대답한다. 둘 사이에 잠시 다툼이 일었다. 작은 소란에 주변을 지나던 사람들이 길을 멈추고 그들을 바라봤다. 사람들의 눈치가 보였던지 남자는 몇 마디 더 뱉더니 돌아서 출국 게이트 쪽으로 혼자 가버렸다. 여자는 큰 한숨을 쉬고는 먼발

치에서 남자를 따랐다.

그들의 이야기를 알아들을 수는 없었지만 대충 어떤 상황인지 짐작은 할 수 있을 것 같다. 여자는 남자에게 말없이 화장실에 갔을 것이다. 아니면, 말을 해뒀는데 남자가 다른 일에 정신이 팔려 듣지 못했는지 모른다. 그는 곧 여자가 없다는 걸 알아채고 그녀를 찾아 두리번거리기 시작한다. 그들은 적어도 자주 해외여행을 다니는 사람들은 아니다. 남자는 왈칵 겁이 났을 테고, 화장실에 줄이 길어 여자는 아마도 시간이 제법 걸렸을 거다. 그녀를 찾아 헤매는 길지 않은 시간 동안 남자는 오만 가지 상상을 했다. 그러다가 그녀가 도착한다. 남자는 안도감과 함께 치밀어 오르는 화를 참을 수 없다. 그녀를 향해 원망 섞인 말을 쏟아낸다. 아마도, 그런 비슷한 상황이 저 둘 사이에 벌어졌을 것이다.

내가 그들을 다시 발견한 곳은 출국 게이트 바로 옆에서다. 비행기를 기다리는 의자에 나란히 앉아 여자가 남자의 어깨에 기대 졸고 있다. 남자는 가만히 어깨를 내어놓고 껌뻑껌뻑 천장을 보고 있다. 그 사이 남자의 얼굴이 좀 더 늙은 것 같았다. 그러나 저 두 사람 사이에 아까의 분노나 원망, 차가운 기운 같은 건 아무것도 찾을 수 없다. 여자의 얼굴은 평온했다. 고작 10분 사이에 둘의 장면은 거짓말처럼 변해있었다. 사내는 한 번씩 쪽잠이 든 여자의 얼굴을 들여다본다. 그 표정에는 한없이 지극하고, 한없이 그리운 무언가 담겨 있다. 부부일까? 아마도 그럴 것이다. 아주아주 오래 함께 살았을까? 그 역시 아마도 그럴 것 같다.

사람과 사람이 짧은 순간 서로에 반해 자신의 시작과 끝을 모두 내어놓고 가슴을 탐험하다가 어느 해 그만 뜨거움이 식어버렸을 때. 그 허무와 슬픔을 차근차근 견뎌내면, 그리고 바보처럼 긴 삶을 살아내면. 그러면 시간이 주는 이상한 힘 같은 게 있다. 사내의 얼굴-눈과 눈 사이에, 굳게 다문 입과 지극한 표정 사이에 그 힘이 들어 있다. 불과 10분 전까지 자신에게 소리를 질러대던 남자의 어깨를 기대고 잠들 수 있는 저 여자의 한가운데 그 힘이 자리 잡고 있다. 고작 잠시의 환희 따위가 흉내 낼 힘이 아니다. 서로 한참을 실망하고, 한참을 미워하고, 그러다가 한참 닮아버린 시간만이 설명할 힘이다.

남자는 아까의 소란을 사과하지 않을 생각이다. 여자도 다시 그때의 일을 입 밖에 꺼내지 않을 것이다. 그러나 저 어깨가, 어깨에 기대 잠든 얼굴이 자꾸 서로를 쓰다듬고 있었다. 그것으로 이미 충분했다.

초라하지 않은

——— 저녁

03

가여운 당신이 조그마한 밥상을 차리고 저 문 안쪽에서 나를 기다린다. 나는 떳떳한 사람이 되어야겠다. 나는 좋은 사람이 되어야겠다. 당신이 그리워한 이는 마땅히 그런 사람이어야 한다.

그러는 사이 밤이 밝고 별이 깊었다. 바다는 그리울 것 없었고, 나무들도 무엇 하나 겁내지 않았다. 사람들은 잊을 수 없는 기억을 쏘아 올리고 스스로 행복했다. 당신을 사랑하는 동안 생긴 일이다.

꽃이 울고, 바람이 지고, 당신이 왔다.
나는 아직 무참하지 않다.

아주
——— 보통의 가족

04

비 오는 월요일 아비뇽의 시청 앞 광장은 한없이 조용했다. 바람에 우산이 날아갈까 봐 두 손으로 우산을 꽉 쥔 채 총총 걷는 사람들만 드물게 있었다. 그러다가 저 멀리 빙글빙글 돌아가는 화려한 구조물을 발견하고 반가웠다. 몇 걸음 더 가서 보니 크리스마스 때문에 임시로 설치된 회전목마였다. 대목을 맞아야 하는 시기인데, 이상하게 쉬지 않고 내리는 비 때문에 손님이 들지 않는지 표를 파는 청년은 혼자 울상이었다.

손님은 고작 소녀 하나뿐이다. 요란하게 치장한 수십 마리의 회전목마를 저 혼자 전세를 내고 실컷 즐기고 있다. 그런 그녀를 딱 몇 발자국 곁에서 엄마와 아빠가 조용히 웃으며 지켜보고 있었다. 나는 가만히 그 모습을 구경하다가 뭔가 조금 이상하다는 걸 눈치챘다. 엄마, 아빠의 피부색과 소녀의 피부색이 너무 다른 거다. 소녀를 사진 찍을 생각으로 가만히 다가가 물었다.

– 괜찮으시면 제가 사진 몇 장을 찍어도 될까요?

아빠가 답했다.

– 우리 딸을요? 그럼요!

막상 카메라를 가까이 대자 소녀는 아앙- 하고 울음을 터뜨렸지만, 어쨌든 남자는 분명히 이 소녀를 자신의 딸이라고 소개했다. 자세히 물으면 큰 실례가 될 것이므로 나는 잠시 고개를 갸우뚱하고 말았다.

소녀가 말에서 내려와 빠른 걸음으로 아빠에게 달려가 와락 안긴다. 피부가 너무 하얘 눈을 가져다 물들인 것 같은 소녀가 얼굴이 밤하늘처럼 검고 고요한 아빠의 품에 안겨 반짝반짝 웃는다. 저 둘이 아빠와 딸 사이라는 걸 누구도 의심할 수 없다. 부부는 이 소녀를 입양했던 걸까. 아니면 저 셋에게 또 다른 이야기가 있을까. 하기야, 아무 상관 없는 일이다. 그 모습이 너무 고와서 그들이 멀어질 때까지 한참을 바라보다 돌아섰다.

거리를 걷는 동안 그런 생각이 들었다. 소녀는 살면서 몇 번쯤 왜 엄마, 아빠와 피부색이 다른지 질문을 받게 될 것이다. 아주 가끔은 악의적인 물음이 있을지 모르겠지만, 대부분 그냥 궁금해서 소녀의 친구들 누군가 별 뜻 없이 던진 질문일 거다. 아빠와 엄마는 어느 날 이 질문에 소녀가 어떻게 대답해야 하는지 가르쳐줘야 할 거다. 아무도 모르겠지만, 이 아무것도 아닌 질문에 아무렇지 않게 소녀가 답할 수 있을 때까지 몇 번의 연습과 작은 용기가 필요할지도 모르겠다.

내 주변에는 이제 아이를 갖지 않기로 한 동생 녀석도 있고, 한참 늦은 결혼 탓에 아이를 포기한 친구도 있다. 몇 번이나 시험관을 통해 결국 아이를 갖게 된 형님과 그럼에도 결국 아이를 갖지 못한 누님도 있다. 어릴 때 부모로부터 버려져 선교사의 손에서 자란 친구도 있고, 아직 법으로 가족을 인정받지 못했지만 힘껏 세상과 싸우고 있는 선배도 있다. 그리고 그들을 향한 세상의 질문이 얼마나 많고 복잡한지 나는 알고 있다. 그 질문에 가장 단순하고 정직한 답을 찾기까지 그들이 얼마나 스스로 묻고 연습했는지도 나는 잘 안다.

가족이란 말을 그렇게 자주 쓰고 있으면서도 가족을 어떻게 특정해야 하는지 나는 아직 모호하다. 다만, 이들이 모두 전혀 특별할 것 없는 아주 보통의 가족이라는 것만큼은 분명하다. 세상이 어떤 별난 이름을 붙였든지 아무런 상관없이. 함께 밥을 먹고, 한 지붕 아래 서로의 적막을 밝혀주며 함께 삶의 뿌리를 심는 이들은 모두 보통의 가족이라야 마땅하다.

진짜의
——— 소식

05

안개꽃을 가만히 말려 이리저리 봉투에 붙여보다 꾹 누른 셀로판테이프 아래 단정하게 써놓은 이름. 지금껏 받아본 청첩장 중에 제일 애틋하다. 얼마나 고심하다 적었을까. 삶의 목차를 함께 쓰겠다는 메모는 호기롭고, 결혼 소식을 전하게 되어 수줍다는 고백에서는 뽀얗게 살 냄새가 난다. 가구 일 하는 동생과 소설을 쓰는 후배가 이제 내일 결혼을 하고 쿠바로 여행을 떠난다. 그리고 환한 새 이야기는 그렇게 시작된다.

사랑을 믿는 두 사람이 섣불리 그 사랑의 영원을 약속하는 일은 얼마나 허무한가. 그런데도 그 허무에 기꺼이 빠져, 있는 힘껏 서로를 지키겠다는 만용은 얼마나 찬란한가. 청첩장을 오래 바라보다가 내 방 가장 잘 보이는 탁자 위에 그들의 결혼 날이 한참 지나도

록 두었다.

저들의 여행이야말로 감히 나 따위가 흉내 낼 수 없는 진짜의 여행이었다.

necafé

붉은 새의
——— 이름

06

그녀와 떠난 여행에서 그 집 창가 옆 흰 벽 위에는 홍학 그림이 하나 걸려있었다. 그녀는 홍학을 마치 처음 보기라도 하는 듯 한참 들여다봤다. 나는 이 새의 이름이 플라밍고라고 말해줬다. 그녀는 훌라망고라고 엉뚱하게 발음했다. 나는 그만 웃음을 터뜨렸다. 그녀는 내가 왜 웃는지도 모르면서 나를 따라 환하게 웃었다.

홍학은 영원을 상징한다. 고대 그리스인들은 불에서 태어나 다시는 죽지 않는 새가 홍학이라 믿었다. 로마인도, 인도인도 홍학을 불사조라 불렀다. 무엇이든 영원한 것을 믿는 사람은 순전한 사람이다. 세상에 영원을 믿는 사람에게 선물을 주려거든 홍학 그림이면 좋겠다. 그 마음 식지 말고 오래오래 붉게 물들라는 뜻이다.

거울의 ——— 사내

07

마르세유 구舊항구를 거닐다가 지독한 사내를 만났다. 그는 어느 거리예술가 앞에 서서 처음에는 그녀의 퍼포먼스를 흉내 내는 것처럼 보였다. 북을 치며 춤을 추는 사람 앞에서 그는 허공을 향해 있지도 않은 북채를 날렸다. 사람들은 공연을 구경하다가 그 앞에서 무례하게 그녀를 따라 하는 사내를 보며 눈살을 찌푸리거나 쯧쯧 혀를 찼다.

그러다가 사내를 좀 더 자세히 보고는 그의 정신이 온전하지 못하다는 걸 알아챘다. 사내의 콧등은 깨져있고, 이는 다 빠져서 입술을 벌릴 때마다 붉은 혀가 잇몸 아래로 훤히 보였다. 어쩌면 술에 고약하게 취해있는지도 모른다. 그는 예술가에게서 등을 돌려 이제 아예 사람들을 향해 서기 시작했다. 그러더니 빨리 자신을 사진

찍으라는 듯 연신 두 손으로 카메라 모양을 만들며 입으로 찰칵찰칵 소리를 외친다. 그를 가운데 두고 하나둘 사람들이 몰려들었다.

그의 표정은 기묘하고, 극적이고, 천진난만했다. 주름이란 주름을 다 찡그려 꽉 쥐어짠 신문지 종이처럼 얼굴을 구기는가 하면, 어찌 저리 환하게 웃는가 싶게 세상 밝은 웃음을 짓는다. 욕을 하며 하늘로 가운뎃손가락을 날리고, 자기 흥에 취해 빙글빙글 돌 때는 신이 난 대여섯 살 아이들과 다를 바 없었다. 북소리를 따라 팔, 다리, 허리와 어깨까지 지독하게 춤을 추고 있다. 마치 자기 몸의 전부를 놓아주려는 것처럼, 그의 모든 부위가 한없이 자유롭게 춤을 춘다.

처음에 혀를 차고, 흉을 보고, 비웃던 사람들의 표정은 이제 진지해졌다. 그를 보는 눈빛마다 여러 가지 감정이 시시각각 변하는 그의 표정과 몸짓을 따라 들어찼다. 사람의 감정 전부가 저이의 몸을 빌려 소리를 지르고 있는 것 같았다. 그는 미쳐버린 걸까. 모르겠다. 그는 천재적인 예술가인가. 알 수 없다. 그는 그저 오늘 밤 술에 잔뜩 취해 주정을 부리는 누군가의 남편일까. 그는 배우일까. 약쟁이일까. 아무것도 모르겠다. 옆에 함께 구경하고 있던 사람이, 또 저 건너편에 다른 이가 훌쩍 눈물을 닦는 것이 보였다. 그들 중 누구도 이 사내가 누구인지, 자신이 왜 우는지 알지는 못했을 것이다.

그의 춤과 그가 가진 모든 감정의 진열이 벌써 수십 분을 넘겼지만, 사람들은 좀처럼 자리를 뜰 줄 몰랐다. 나는 그를 따라 몇 번을 울고, 웃고, 분노했다. 주섬주섬 약간의 돈을 꺼내 사내에게 다가가자 그는 관심도 없다는 듯 길바닥에 코를 휑 풀고는 다시 두 주먹을 불끈 쥐고 허공을 향해 소리를 지르기 시작했다.

그를 지켜보며 슬퍼하고, 행복해하고, 절망하던 사람들은 저마다 그런 감정과 함께 사는 이들이었다. 그래서 거울처럼 그를 바라봤다. 그와 우리 사이 유일한 차이는, 이 마음을 꼭꼭 숨겨두고 안녕한 척 살고 있다는 점과 이들을 실컷 놓아줄 수 있다는 것뿐이었다. 단지 그를 오래 구경하는 것만으로도 무언가를 찾고, 또 진작에 보내줬어야 하는 마음 어디를 비로소 놓아준 기분이 들었다. 돌아가며 사람들은 같은 생각을 했을 것이다.

거울처럼 우리들의 사내가 거기에 있었다.

아무것도 아닌
——— 어른

08

A의 아버지는 자꾸 새로운 일을 벌이는 사람이었다. 아버지는 그때마다 더 멋진 꿈이 생겼다고 말했다. 어린 시절 A는 그런 아버지를 보며 매번 꿈을 팔아 치우는 종류의 인간은 절대로 되지 말아야겠다고 생각했다.

A는 이제 다섯 번째 직업을 갖는다.

– 잘했어.

그의 친구가 말했다.

– 고마워.

A가 대답했다. 하지만 속으로 A는 이렇게 생각했다. 친구의 말은 실은 너도 결국 어쩔 수 없구나, 라는 뜻이다. 그에게 어색하게 웃어주고 돌아와 집안을 밤새 헤맸다.

몇 개의 반짝거리는 꿈이 있었다. 가슴이 다 터질 것 같았다. 마음을 다했다고 믿었다. 하지만 무엇 하나 이루지 못했다. 다른 꿈을 찾아 돌아섰다. 그게 변명이었는지, 어떻게든 살아내려는 안간힘이었는지 분명하지는 않았다. 다만, 온 힘을 다해 무언가를 포기하도록 자신을 설득한다는 게 가장 가여운 일이었다.

무엇도 될 수 없어서 결국 자신이 되어버린 사람은 안다. 어차피 어른은 아무것도 아닌 사람이 되는 것. 가여운 자기를 수없이 뭉쳐 만든 사람이 되는 것. 너무 자신을 탓하지 마라. 결코 되어서는 안 된다고 생각했던 그런 종류의 어른이 되어가는 것에 대해 너무 오래 부끄럽고 불안해하지 마라.

원래 우리는 자꾸 꿈을 팔아 기어이 살아남은 자들이다.

Krys

죽음의
——— 동산

09

마노스크가 따뜻하게 내려다보이는 높지도 낮지도 않은 언덕 끝에 묘지들이 있었다. 마을 풍경을 찍으려고 올라갔는데 문이 굳게 잠겨있다. 눈치를 보다가 가장 낮은 곳을 찾아 담을 넘었다. 고작 허리를 조금 넘는 높이였다. 다음날에야 듣게 된 것인데, 동네 꼬마들이 이 자리에서 담을 넘어 종종 묘지 안 숨바꼭질을 한단다. 놀 곳이 사방 천지인데 참 이상한 녀석들이네요, 답하려다 나 역시 호기심에 몰래 담을 넘은 터라 가만히 입을 다물었다.

묘비들은 수백 개가 넘어 보였다. 묘지 언덕에서 내려다보이는 마을 집이 채 그만큼이 안됐는데, 그러니 여기에 틀림없이 집마다 죽음이 여럿 있겠다. 죽음을 만난 적 없는 집이 없겠고, 이 묘지에 집

안사람 한 명 묻지 않은 집이 없겠다.

읽지도 못하는 묘비들을 가만히 바라보고 있는데 저쪽에 인기척이 느껴져 깜짝 놀랐다. 다가가 보니 쉰 살쯤 되어 보이는 사내가 판석에 걸터앉아 뻐끔뻐끔 담배를 피우고 있다. 그도 아마 담을 넘어 들어왔을 것이다. 우리는 잠시 눈인사를 나눴다. 그와 몇 마디 주고받는 동안 힐끔 묘비에 적힌 날짜를 들여다봤다. 들키면 민망한 일이 될 것 같아 재빠르게 보느라고 뒤쪽 날짜까지 다 읽지는 못했지만, 앞 연도가 2015년이라는 건 알아챌 수 있었다. 몇 년 전 어느 날 남자는 누군가를 세상 밖으로 떠나보내고 이렇게 종종 그의 기억이 떠오를 때마다 산책 삼아 인사 삼아 묘지에 들러 담배 몇 개비 피우고 집으로 돌아가는지도 모르겠다.

그의 얼굴에 지독한 슬픔은 없었다. 넘치는 그리움도 보이지 않았다. 그저 무뚝뚝하고, 평안하고, 무탈한 표정이었다. 그리고 사내는 떠났다. 나는 한참을 더 머물다가 다시 담을 훌쩍 넘어 숙소로 길을 잡았는데, 몇 걸음 걷다가 저 아래를 내려다보니 아까 떠난 남자가 느린 걸음으로 빙글빙글 묘지 근처 숲길을 아직도 걷고 있었다. 사내의 입에는 다시 담배가 물려 있다. 집으로 그냥 돌아가기 아쉬웠나 보다. 내가 있어 불편해서 묘지 안 사람에게 몇 마디 더

해야 할 말을 하지 못했나 보다. 남자가 다시 묘지로 들어갔는지 알 수 없지만 어쨌든 내가 언덕을 다 내려와 보이지 않을 때까지 그는 그저 우두커니 숲에 서 있었다.

어떤 마음은 금방 새겨 넣은 듯 선명해서, 사전 속에 쓰인 낱말의 해설처럼 분명해서, 금세 무슨 마음인지, 왜 그 마음인지 알아챌 수 있다. 하지만 다른 마음은 온통 안개 같아서 도대체 어떻게 이해해야하는지 아무리 고민해도 알 수 없을 때가 있다. 그리움일까, 외로움일까, 미안함일까, 헛헛함일까. 사내는 숲속에서 그 마음을 읽으려고 애를 쓰고 있는지도 몰랐다. 그러나 그는 결국 마음의 정체를 다 밝히지 못하고 집으로 돌아갈 수밖에 없다. 그 마음의 절반은 이미 죽음의 건너편 사람이 가져갔기 때문이다.

남겨진 ——— 사람들

10

고작 일주일 동안 병원에는 여러 개의 죽음이 있었다. 어제는 옆 병실에서 서른아홉 살 사내가 죽어 나갔다. 아내와 딸과 그의 모친이 울부짖다 뒤로 넘어갔다. 이런 장면을 수십 번은 만났을 간호사들은 단정한 얼굴을 잃지 않고 병실 앞을 지났다. 무심한 표정이 고마운 이유를 알 길이 없다.

옆 침대의 다른 사람에 의하면 그 집 엄마가 저녁 내 이렇게 중얼거리며 복도를 돌아다녔다고 한다.

– 아이고, 사람이 살 것이 없다, 사람이 살 것이 없다.

아무리 머리를 굴려도 정확히 해석할 수 없는 이 말을 도저히 잊지 못하겠다. 병실을 빙빙 돌고 한참 주저했다.

삶은 크고 단단한 것처럼 보이지만 실은 터무니없이 무르고 연약했다. 언제나 그랬다. 삶을 가진 자들은 유리처럼 살아야 한다.

누나

11

잠결에 받은 전화에 사촌 형은 누나의 부고를 전했다. 고향 집 어머니께 연락을 드리고 가만히 앉아 정신을 차리기까지는 꽤 시간이 걸렸다. 시계를 보니 아침 여섯 시를 막 넘어서고 있었다. 몇 가지 원고를 마감하고 잠이 든 지 채 한 시간이 안 된 시각이었다. 그 뒤로도 한참 동안 혹시 꿈을 꾸고 있는 건 아닌지 생각했다. 여덟 시가 조금 넘어서야 병원에 도착할 수 있었는데, 도대체 그 두 시간 동안 뭘 했는지 아무리 생각해도 기억이 나질 않았다.

영정 사진 속에 누나는 부서지게 웃고 있었다. 누나의 아이들은 누나의 이름을 부르다가 쓰러졌다. 쿵쿵, 아이들이 제 흥분을 못 견뎌 마룻바닥에 발을 찍을 때마다 고막이 울렸다. 쿵쿵. 그처럼 큰 소리인 걸 인제야 나는 알았다.

– 정신 바짝 차려!

실은 무너지고 망가져도 된다는 말을 해주고 싶었는데 입밖에 다른 소리가 나갔다. 조카들은 서러웠을 것이다.

누나는 아이들이 어렸을 때 이혼을 하고 홀로 두 녀석을 키웠다. 큰 녀석은 재수해서 올해 대학에 붙었고, 곧이어 둘째의 대학 합격 소식도 들렸다. 누나의 친구들은 이제 고생 다 했다는 말을 했다고 한다. 누나는 아직 멀었지, 하면서도 정말 삶의 커다란 고비를 자신이 꿋꿋하게 견딘 것 같았다. 그 밤, 친구들과 참 기분 좋은 술을 마시고, 참 행복한 골목을 걸어, 참 고마운 아이들의 얼굴을 쓰다듬고 누나는 쓰러졌다. 그리고 다시는 일어서지 못했다.

어머니와 이모들이 고향에서 도착했다. 서러운 사람들이 아무리 서러움을 쏟아부어도 영정 사진 속 누나가 계속 부서지게 웃고 있다. 세상 이치 밝고 예의 바른 사람인 줄 알았는데, 병원이 이리 온통 눈물바다인데, 누나의 엄마와 누나의 동생과 누나의 아이들이 저렇게 무너지는데. 이 와중에 모지리처럼 반짝거리며 누나가 웃었다.

모녀로부터

12

모녀 두 커플과 동행을 하고 있다. 국내 한 기업의 행사를 통해 여행을 떠나게 된 모녀들의 이야기를 취재하고 기록하는 일을 맡았다. 이번 여정은 고르드를 거쳐 황토 마을 루시용, 세잔이 사랑했던 엑상프로방스, 고흐의 아를까지 이어진다. 사실 프로방스는 일 년 365일 중의 320일이 맑다는 태양의 땅이다. 그런데 이상하게도 여행 기간 절반이 넘도록 내내 비가 왔다. 절벽 위에 지은 성채는 앞을 분간하기 어려울 만큼 깊은 안개에 잠겨 있고, 거대한 황토 채석장은 얼마 되지 않는 비에도 안전상의 이유로 굳게 닫혔다.

하지만 의외의 날씨 덕에 모녀의 여행은 좀 더 각별해진다. 한 개의 우산을 나눠 쓰고, 서로 팔짱을 꽉 낀 채 수백 년, 수천 년의 돌

길을 걷는다. 엄마는 딸의 어깨에 내린 빗방울을 털어냈다. 딸은 가만히 엄마의 차가워진 손을 잡았다. 태양의 땅에는 이상한 비가 왔고, 그 덕에 모녀 사이 애틋하게 열이 올랐다.

이후 인터뷰에서 두 엄마 중 하나가 내게 말했다.

– 딸이 여행을 사랑하는 사람으로 자랐으면 좋겠어요. 그래서 무엇보다 삶은 멋진 거라고 느끼면서 살아갈 수 있다면 더 바랄 게 없겠어요.

프로방스의 자연과 중세의 건물, 수많은 예술가가 사랑했던 골목이 하나하나 귀했지만, 이 모두를 모아 딸에게 들려주고 싶은 진짜 이야기는 오직 이뿐이었다. 부디, 있는 힘껏 멋있게 살아줘.

내내 오던 비가 그치고 모녀는 프로방스에 도착한 지 며칠이 지나서야 첫 노을과 첫 별과 첫 일출을 봤다. 고유하고 아름다웠다. 이제 집으로 돌아가는 길, 하루의 불이 꺼지고 나란히 앉은 두 모녀가 서로의 어깨에 기대 선잠을 자고 있다. 삶은 여행일까? 틀림없이 그럴 것이다. 딸과 엄마가 긴 여행의 동행이 되어 생의 다음 여행지로 천천히 넘어가고 있다.

엄마가
——— 울면

(13)

정말 이상하게도 어머니는 가끔 당신이 아무것도 아니라는 생각을 하는 것 같다. 일흔에 가까워 때로 그녀가 무엇 하나 제대로 이룬 게 없다고 여기는 것 같다. 그런 얼굴로 그런 하루를 보내다 저녁 늦게 혼자 눈물을 글썽이는 장면을 몇 번 본적이 있다.

그녀가 울면 나는 바보가 된다. 아무것도 하기 싫고 아무 생각도 나지 않는다. 그냥 저 오래된 손을 잡고 어디로든 함부로 떠나고 싶다. 발이 아프도록 둘이 걷고, 귀가 아플 때까지 그녀의 옛날이야기를 듣고 싶다.

밭농사가 너무 지겨워 도시로 식모살이를 나가는 것이 꿈이었던 시절이나 처음 일을 시작했던 공장, 마음을 가득 물들였던 동네 오빠나, 외할아버지와 남동생들만 먹을 수 있었던 뽀얀 쌀밥 같은. 그녀가 주인공인 낡은 영화, 헤진 연극의 얘기를.

어머니가 울면 꼭 말해주고 싶었다. 당신이 지나온 숱한 이야기, 문장마다 낱말마다 당신은 주인공이었다고. 그렇게 매번 환하고, 곱고, 그 무엇이었다고.

장면마다 뜨거운 관객으로 그 앞에 쪼그리고 앉아
울고, 웃고, 손뼉 치고 싶다.

오직,
——— 고요

(14)

오래된 수도원을 프로방스 화장품 브랜드에서 사들여 개조했다는 숙소는 벽마다 예술품이 가득했지만 사실 진짜는 숙소 앞 정경에 있었다. 늦은 오후 잠시 바람을 쐬러 나간 길에 멀리 내려다보이는 남프랑스 시골 마을 집들에선 뽀얗게 저녁연기가 오르고, 분명 달력 위에 날짜는 한겨울을 가리키는데 도대체 겨울이 어딘지 찾을 길이 없다. 나무들은 겨울에도 잎을 두기로 했다. 동네 아이들이 멀리에 뛰어가고, 노을과 들판 색이 놀랍게 닮아 있어 어느 순간이 되면 한데로 뭉치다 저녁 건너로 넘어가 버린다.

신기한 경험이 많은 허풍쟁이 여행자를 만나 그의 믿거나 말거나 이야기를 들을 때도 즐겁고, 숨 막힐 듯 압도적인 자연 앞에 설 때나 수천 년 된 문화유산 앞에서 입을 쩍 벌릴 때도 행복하지만, 여

행이 가장 나다울 때는 이럴 때가 아닌가 싶다. 누군가 곁에 있어도 좋겠지만, 혼자라도 충분했다.

언젠가, 인권 관련 일을 하며 알게 된 선생님 한 분이 내게 이렇게 물었던 적이 있다.

– 정훈 씨는 행복이 뭐라고 생각해요?

머리가 복잡해 답을 망설이는 동안 선생님은 다시 말했다.

– 저는 그게 고요라고 생각해요. 마음의 동요가 없는 거요.

괜히 그 말에 반박하고 싶었지만, 지금껏 행복을 이렇게 멋지고 분명하게 설명하는 사람을 만난 적이 없었다. 고개를 여러 번 끄덕이며 고요라는 단어를 내내 곱씹었다.

저 앞에 정경이 실은 대단할 것이 없다. 수많은 일상과 그 일상이 모여 만든 저녁이 가만히 지고 있을 뿐이다. 노랗고 환하게 집집이 별이 들고, 사람들은 어둠으로 천천히 잠기는 밤. 무언가 크고 엄청난 것이 여행의 어디에 있을 것 같았지만 그건 아주 바보 같은 착각이었다. 아무것도 되지 않을 욕망에 관해 생각했다. 지금 이대로의 귀함에 대해서도 생각했다. 무언가 자기 바깥에 대단한 것을 찾아 떠났던 사람들이 마침내 자신이 되어 돌아오는 것을 지켜보며 나는 오래오래 안도했다.

사방이 고요하다. 할 말은 많지 않다. 저마다 문을 닫고 제 안으로 드는, 아무것도 더할 것이 없는 밤. 침묵의 풍경에는 희고 따뜻한 감촉이 돌았다.

행복이 정말 고요라면,
저기, 그가 다정하게 졸고 있다.

Le café du Pont

SANTORINI

척추 세기 —— 놀이

마지막 마을로
——— 가서

(01)

산토리니에 도착했다. 전 세계에서 온 여행자들이 노을을 보기 위해 이아마을로 모여들었다. 우리도 아무렇게나 짐을 팽개쳐두고 노을을 찾아 나섰다. 누구에게 길을 물을 필요도 없었다. 사람들은 처음부터 이곳에 살았고, 삶을 두고 하루도 빠짐없이 노을을 본 것처럼, 그래서 지도 어느 점으로 모여야 세상에서 가장 찬란한 노을을 볼 수 있는지 모두 알고 있는 것처럼 다 같이 한 방향으로 이동했다.

노을을 만나러 가는 길에는 저 아래로 붉은 지중해를 향해 오줌을 쏘는 소년들이 보였다. 여행이 쌓일수록 석양 앞에 느슨해진 사람들의 풍경이 더할 나위 없이 애틋해진다. 별스럽게 열이 오른 하늘을 지고 절벽 뒤에서 발가벗고 바다에 뛰어드는 연인이나, 높은 담

벼락마다 다닥다닥 올라붙은 동네 소녀들, 담배 한 개비를 다 피우기도 전에 다음 담배를 꺼내 불을 옮기는 노인들을 사랑하지 않을 방법은 없다.

얽히고설킨 골목이 뚝 끊기는 곳에 이아마을의 끝이 있었다. 거기서부터 다시 지중해가 열렸다. 그러면 수평선을 함부로 침범하며 검고 붉은 구멍이 타오르는 절정. 구멍 밖으로 불이 쏟아져 흘러 사람의 세상을 눈부시게 다 덮는다.

이 세상 가장 끝에 있는 마을로 가서 오늘처럼 노을이 질 때. 두 볼 환하게 물들고 바다가 빠짐없이 분홍빛에 잠기면 누구라도 알게 된다. 사랑이 오면 저리 붉게 온다. 이 마음 깊으면 저렇게 온 힘으로 탄다. 세상이 이무리 크고 넓어도 기어이 다 덮고 만다. 한 세계가 끝나고 다음 세계가 시작되는 일이다. 그걸 두고 누군가는 사랑이라고, 어떤 이는 노을이라고 달리 이름 붙일 뿐이다. 그뿐이다.

그럼에도
——— 불구하고

(02)

아직도 그때 일어났던 일들을 정확히 이해할 수 없죠. 지나간 사랑의 경험이란 객관적, 중립적으로 축적된 기억이 아니니까요. 과잉의 감정이 투사된, 어찌 보면 모든 기억 중 가장 왜곡된 형태라야 맞아요. 나는 그때 화가 났고, 목말랐고, 그립거나 간절했어요. 사랑의 추억은 가장 부정확한 경험적 서사죠.

시간이 한참 지나서야 전에 볼 수 없던 것들을 몇 가지 알아채게 돼요. 이를테면, 그때 내 마음이 향했던 게 정말 당신이었는지, 아니면 사랑에 빠졌다는 자기만족이었는지. 그때 나를 울게 했던 게 정말 당신이었는지, 아니면 당신 아니라 그 누구여도 결코 채울 수 없던 내 안의 구멍이었는지. 내게 숨 막혔던 게 실은 당신이 아니라 나 자신이었다는 것도.

그러니 이제 사랑에 대한 허무와 불신에 빠져야 마땅해요. 하지만 놀랍게도, 이 적나라한 허구 위에서 다시 화를 내고, 목마르고, 간절해지고 싶어져요. 고작 당신의 고요한 목소리에 반해, 당신 손의 온도 따위에 반해 자꾸 기다리고 싶어져요. 붉고 살이 데던 시절이 지나고 당신이 왔을까. 사랑이 망상의 반복인지, 아니면 이제야말로 당신인지 한 번만 더, 한 번만 더 확인하고 싶어져요.

누나와
——— 소년

03

뭐가 그리 서러운지 까마리 해변에 주저앉아 울어대던 소년은 마침내 누나가 찾아오자 눈물을 뚝 그쳤다. 누나가 콩- 소년의 머리에 알밤을 놓고, 소년은 누나 팔을 꾹 움켜잡는다. 이제부터는 세상이 두 쪽 나도 무조건 옆에 딱 붙어있을 거야. 누나의 달콤한 거짓말 하나로 금세 용감한 오후.

그제야 소년은 다시 물놀이를 시작했다. 힘껏 치솟는 파도 사이로 소년은 자꾸 고개를 돌려 누나를 확인한다. 숱한 모래 위에 작은 조약돌을 발견하듯 누나를 본다. 밤 위에 놓인 별을 바라보듯 누나를 본다.

누나가 있었다.

함부로 빛나지 않고, 허투루 화려하지 않고

그래도 오래오래 소년을 지켰다.

웬만하면

04

피라 마을 후미진 골목길에 사내 하나가 묘하게도 생수와 오래된 책들을 함께 팔고 있었다. 사람들은 책에는 별 관심이 없다는 듯 드문드문 생수 한 병씩만 사가곤 했다. 나 역시 영어나 그리스어로 쓰인 책을 볼 일이 없어서 그냥 지나치는데, 무심결에 내려다본 중고 책 표시 하나가 머리에 콕 박혔다. 길거리에서 밥을 사 먹고, 숙소로 돌아와 수영하는 동안에도 한참 잊히지 않는다.

하루가 지나 다시 가본 자리에 사내와 책은 사라지고 없었다. 책의 제목이었는지 카피였는지 정확하지 않지만 어쨌든 표지에는 이렇게 쓰여있었다.

'Do not write too many!'

너무 많이 쓰지 마라!

책을 열어보지 못했지만, 내용은 틀림없이 이렇게 말하고 있을 것 같았다.

'너무 많은 것을 쓰지 말고, 너무 많은 말을 하지 마라. 진짜 안 쓰면 죽겠는 것들만 세상에 꺼내놔라. 하지만 그마저도 웬만하면 침묵해라.'

글을 쓰는 건 애틋한 직업이다. 입을 잠그고 문장으로 노래한다. 눈이 다 못 운 것들을 손이 울어준다. 날마다 마음의 전투를 치르고도 용케 살아남는다. 하지만 이건 어디까지나 그 글 끄적거리는 본인만의 착각이다. 책 표지에 적혀있던 말을 노트에 베껴 적었다.

야, 이 글 짓는 나부랭이야.
아, 됐고. 어쨌든 너무 많이 쓰지 마라.

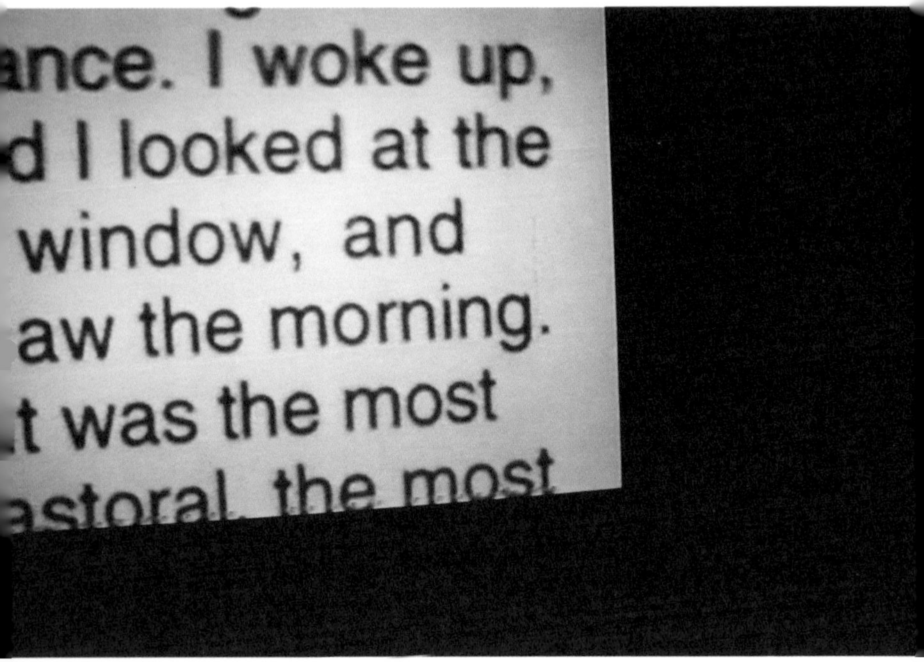
ance. I woke up,
d I looked at the
window, and
aw the morning.
t was the most
astoral, the most

그 사람은 ——— 아무것도 아니다

05

술병을 가지런히 세워놓고 취기가 가득 올랐을 때 녀석이 울음을 터뜨린다. 그리고 동생의 소설 같은 이별 이야기를 들었다. 결혼 후 함께 새로운 미래를 찾아 떠났던 낯선 나라에서 그의 아내가 다른 사랑을 찾아 도망쳤다. 녀석은 몇 번을 쓰러졌다 겨우 일어섰다. 그곳에서 더는 실 힘이 없어 허무하게 귀국했다. 병원에 다니며 상담을 받았다. 아직도 잠을 설친다.

덕분에 술자리 분위기는 순식간에 엉망이 되었다. 나는 무슨 말을 해야 할지 몰라 천천히 그의 어깨를 만진다. 무너지는 녀석이 수척하고 섰다. 그러나 고백하자면, 나는 속으로 그마저 귀한 일이라고 함부로 생각했다.

사랑은 언제나 몇 번쯤 자기를 배신한다. 모든 사랑은 몇 번쯤 자기 안에 괴물을 갖는다. 대신 그보다 더 중요한 것이 하나 있다. 이별한 사람들은 모두 누군가를 사랑했던 사람. 사랑할 줄 아는 사람으로 사는 것은 무엇보다 희망적이라고 나는 믿는다. 그가 특별했기 때문이 아니라 그 사랑을 대하는 너의 가슴이 특별했던 이유다. 고작 한 사람에게 천국과 지옥을 통째로 내주던 그 시간이 이미 완전했던 이유다. 그의 앞에서 춤추던 너를 빠짐없이 기억하는 것. 그의 부재를 견디는 것. 이 슬픔이 얼마나 크고 무서운지 아랑곳하지 않고 쓰러지는 마음을 끝까지 지켰던 적이 있는 사람으로 남는 것. 온 힘을 다해 사랑했던 사람들의 자리다.

그러니 슬픈 얼굴아. 부디, 담대하고 당당하게 슬퍼해라.

겨우
——— 등 하나 끄고

06

칼 위에 선 것처럼 사랑한 일,
지나고 보니 고작 한 시절의 일이다.
겨우 사람과 사람 사이의 일이다.

꽃이 진 것도 아니다.
그 사람 마음의 등 하나 끄고
긴 밤 속으로 돌아갔을 뿐이다.

비가
——— 오고 있잖아요

07

그대 속옷을 다소곳하게 개고 있습니다. 연두색 주황색 속옷을 나란히 포개놓고 손으로 가만히 눌러 그 사이에 불필요한 공기를 빼면 그대가 막 샤워를 다 하고 나오지요. 우리는 같이 잠을 잘 겁니다. 그대 등은 참 마르고 물렀어요. 어느 날은 노인 같기도 하고 어느 날은 복숭아 같기도 하죠. 가만히 옆으로 누워 숨을 고르게 내쉬며 잠자는 뒷모습은 아주 먼 사막에서 그대를 막 건져 온 것 같습니다. 가끔은 그 모습이 세상에서 가장 조그맣게 쪼그라들려는 사람 같아요. 가만히 얇고 약한 몸을 안죠. 그리고 생각해요, 우리는 얼마나 버틸 수 있을까요.

맞아요. 나는 그대의 미움을 말도 없이 빼곡하게 저축했다가 어느 날 문득 이별을 통해 복수하는 그런 종류의 사람이죠. 앞으로 손을 옮겨 그대 가슴을 만져요. 그러면 여기에 정말로 아무것도 아닌 우리. 이제 다음이 보이지 않습니다. 코앞에 와있는 이별 후에는 영영 그대를 못 볼지도 몰라요. 한 침대에 누워 마치 세상에 둘이 남은 것처럼 가슴에 수도꼭지를 틀고 마구 뜨거운 약속을 쏟아붓던 우리가 이제 얼마 뒤면 다시는 볼 일이 없어질 것만 같습니다.

그대의 턱을 만지며, 겨드랑이와 발뒤꿈치를 만지며 가끔 그리워도 대신 꺼내 볼 자국 같은 걸 모으고 있어요. 한 달, 두 달 모아야 하는 그대 기억을 다 모으면 영영 우리는 서로를 과거 속에서만 추적하는 거죠. 나는 이렇게 이별을 하는 사람입니다. 사람들은 모두 자신만의 이별 기술을 가지고 있죠. 어느 것 슬프고 어느 것 미련스럽고 또 어느 것은 잔인하죠. 그렇지만 다 살기 위해 그런 거예요. 가슴에 살던 사람 싹둑 잘라내고도 어떻게든 한번 살아보려고. 그래서 모두 이별 방식이 남들 보기에 지독한 것이란 말입니다.

어느 날인가, 두 몸을 마구 되새김하던 늦은 밤에 등 돌아누우며 우리가 어디로 가고 있는지 궁금하다 했죠? 저 솜 같은 벚꽃도 한 달 지나면 지고, 끝을 모르고 내리던 눈도 한 철 지나 잠깐인데 우리는 어디까지일까, 물었잖아요. 짐짓 사내이고 싶어 잠자코 있었지만 사실은 다 알았지요. 비 오면 그대 그만 보고 싶어질 것을. 어느 날부터인지 약속하는 게 참 겁이 나기 시작했지요. 어디까지 가보자 하고 가지 못하면 다 슬픔이 되고 마는 것 같아, 비겁해도 입 다물고 그대 손이나 잡고 몸이나 빨고 어디 숨은 사연이나 주워듣고 말자, 하였지요. 껍데기를 좋아해도 좋아하는 것이다, 열흘을 사랑해도 사랑했던 것이다, 하였지요.

물결 같아요, 나는. 이리 툭 저리 툭 그대 가슴과 몸 틈마다 치이다가 비 오는 밤에 새삼스레 다 지겨워지고 말았네요. 저 빗속으로 나가 비겁하게 흘러가서 다시는 그대에게 돌아오고 싶지 않아졌네요. 어느 것 이해되지 않고 어느 것 서러워 잠을 설쳐도 사랑이, 연애가 다 그래요. 그러니 툴툴 털고 당신은 당신의 슬픔을, 나는 나의 슬픔을 살아요, 우리.

돌아보면 서로를 믿지 못했던 건 얼마나 다행이었나요.

척추 세기

——— 놀이

(08)

둥글게 몸을 말고 잠든 당신 뒤에서 물끄러미
땀에 젖은 등을 만지다가
하나, 둘
척추를 센다.

당신이 살아낸
산과
골짜기와
절벽과

나로 결코 채워지지 않는 여기.

사람의 등뼈를 세는 일은

왜 이렇게 외로울까.

THE NORTH

별의 —— 지붕에서

첫 눈

01

조용하고 애타게 너를 덮고
함부로 녹지 않는 기억을 소복하게 쌓던 생각.

밤새.
네 감촉과 살빛이 쏟아져 내리던 생각.

눈이 오고
나는 너를 생각한다.

마침표와
——— 첫 말 사이

02

노르웨이 서부 해안을 따라 센야로 향했다. 스칸디나비아의 시작과 끝이 어떤 모습일지 상상할 수 있을 거라고 노르웨이 친구가 말을 보탰다. 북극권 작은 어촌마을들의 겨울은 어떤 모습으로 도착해 있을지 궁금했다. 수만 년 전 빙하가 조각한 협만峽灣이 꼬리에 꼬리를 물고 이어진다는 센야는 북부 노르웨이에서 로포텐과 더불어 절경으로 손에 꼽히는 지역이다. 우리나라 제주도보다 조금 작은 섬. 하지만 내륙과 거의 붙어 있어 따로 배를 타지 않아도 다리를 통해 건너갈 수 있는데, 강화도 정도를 생각하면 되겠다.

오후가 훌쩍 지나 센야섬에 들어서자 서로 어깨를 부딪치며 웅장하게 서 있는 피오르가 가장 먼저 반긴다. 센야는 노르웨이에서 두 번째로 큰 섬이지만 전반적인 느낌은 상당한 오지에 가깝다. 딱히 도심이나 번화가라 부를 곳이 없다. 다만 바다를 마주하고 골짜기마다 들어선 작은 마을들이 조금 멀고 또 조금 가까운 거리에서 사람의 풍경 약간을 날 것의 자연에 더하고 있었다.

마을을 빼고 또 하나 자연에 새긴 사람의 흔적이 선명한 것이 있다. 수를 셀 수 없을 만큼 많은 터널이었다. 수십 개의 터널이 협곡과 협곡을 관통하고 있다. 이들 대부분은 눈이 너무 많이 오면 잠시 폐쇄되기도 한다. 그러면 사람들은 어디로 오가지 못하고 얼마간 마을에 갇혀버리는 것. 무엇을 기대하고 이곳에 도착하느냐에 따라 센야가 보여주는 장면들은 달라지겠지만, 누구라도 이 말에는 공감할 수밖에 없을 것 같다. 센야는 인간을 훌쩍 뛰어넘는 곳이다.

우리 일행에게 집을 내준 주인에게 잠시 인사를 건넸다.

– 여긴 온통 고요뿐이네요. 적적하지 않으세요?

그는 무심하게 답했다.

– 에고, 큰 도시 사람들이나 그렇지. 여기서야 어디 그렇게 힘쥐 살 일이 있나.

실제로 그의 일상은 단순하고 느슨했다. 오전에는 연어를 손질하고, 오후에는 집을 치우거나 산책을 한다. 보통 날의 큰일이란 연어의 출하나 납품, 겨울용 장작의 준비, 피오르 여행자들과 오로라 헌터들을 위한 숙박 관리가 전부였다. 삶의 속도는 이곳에서 한껏 늦춰져 있다.

그를 따라 산책하러 나갔다가 긴 골짜기와 그 사이를 고요히 채운 눈, 북극에서 내려온 바람, 바람에 흔들리는 노르웨이해의 파도를 구경하다 돌아왔다. 지구 어디라도 시간은 똑같이 흐를까. 아닐 것 같다. 여기의 시간은 내가 지났던 어떤 도시, 어떤 마을보다 훨씬 천천히 가고 있었다. 하루 중에 해가 떠 있는 시간이 반나절이 채 되지 않는 극야에 가까워 날은 부쩍 짧았지만, 이곳 사람들이 하루를 채우기엔 너무 충분했다.

새해가 코앞에 와 있다. 이때마다 사람들은 항상 시작과 출발을 손꼽아 기다리곤 했다. 무언가 지금까지와 다른 새로운 약속이, 새로운 환희가 있을 것 같았다. 그러나 노르웨이 작은 피오르 도시들에서 반년쯤 그들의 삶을 흉내 내며 알게 된 게 하나 있다. 새로운 도전과 설레는 출발 전에 가만히 꾹 찍어 누른 마침표. 그 멈춤이 주는 반듯한 힘의 세기다. 삶은 결국 한 권의 책이어서, 새로운 장의 시작은 이전의 이야기로부터 서사를 이어받는다. 그러니 전장의 마침표와 새 장의 첫 문장은 하나로 연결돼있다.

우리는 그것이 무엇이든 다시 시작할 수 있을까. 허리를 세우고 또 한 번 도전할 수 있을까. 그건 앞으로 펼쳐질 숱한 미래의 장면과 우리의 의지, 용기에만 달린 게 아니었다. 언젠가 끝마쳤던 마지막 문장, 그리고 그 이후 찾아온 멈춤에도 달려있다.

겨울의 센야는 전장의 마침표를 찍고 다음 장의 첫 줄을 시작하기 전에 숨을 고르는 당신을 닮아있다. 자연과 사람과 시간이 느리게 흐르다 때론 탈 없이 멈춰 선다. 깊은 호흡마다 순백이었다.

얀테의 법칙

03

스웨덴의 라곰Lagom, 핀란드의 휘게Hygge처럼 노르웨이 사회와 문화를 관통하고 있는 키워드가 있다. 얀테의 법칙The Law of Jante. 1933년 노르웨이 작가 악셀 산데모제AkselSandemose가 그의 소설에서 얀테라는 이름의 마을을 등장시키며 이 마을의 규칙을 소개한 것이 기원이 됐다. 얀테의 법칙은 다음과 같다.

1 – 당신이 특별하다고 생각하지 말 것
2 – 당신이 다른 사람들만큼 좋다고 생각하지 말 것
3 – 당신이 다른 사람들보다 더 똑똑하다고 생각하지 말 것
4 – 당신이 다른 사람들보다 더 훌륭하다고 상상하지 말 것
5 – 당신이 다른 사람들보다 더 많이 알고 있다고 생각하지 말 것
6 – 당신이 다른 사람들보다 더 중요하다고 생각하지 말 것

7 – 당신이 모든 것을 잘한다고 생각하지 말 것

8 – 다른 사람들을 비웃지 말 것

9 – 당신을 누가 도와줄 것으로 생각하지 말 것

10 – 당신이 다른 사람들을 가르칠 수 있다고 생각하지 말 것

개인의 자유와 프라이버시가 어느 나라보다 보장되어있는 노르웨이지만 동시에 모두의 평등과 공동체의 질서를 얼마나 소중하게 생각하는지 엿볼 수 있다. 평범을 통해 공동체는 더 행복해지고, 행복한 공동체를 통해서만이 개인의 행복도 더 깊어질 수 있다.

행복을 개인의 차원에서만 수렴하는 메시지와 담론은 자칫 사회구조적인 문제들을 왜곡할 위험이 있다. 비극이 일상화된 사회 속에서 홀로 행복한 개인이나 집단은 얼마나 참담한가. 행복에 관한 질문은 끊임없이 사회적 통증을 환기하고, 공동체적 문제들을 물고 늘어져야 한다.

나, 혹은 당신의 행복이 아니라 '우리의 행복'이어야 옳다.

백야

(04)

해가 지지 않는다.

밤이 하얗게 내리고 있었다.
네가 쏟아지고 있었다.

사랑이 너무 밝고
너무 눈부셔

눈을 감고 돌아섰다.

아직

——— 잠들지 못하고

(05)

피곤한 손으로 문을 따고 들어와서, 피곤한 목으로 물을 마시고, 피곤한 발목을 눕히고는 잠드는 게 아까워 한참 천장을 바라본다. 오늘 하루 무엇을 놓쳤는지 알 수 없지만 무언가 귀한 것을 버린듯하고, 중요한 말을 아직 듣지 못한듯하고, 써야 할 말들을 잊은듯하다. 그리운 마음이 삶을 다 쫓았는데, 무엇이 그리운지 아무리 생각해도 알지 못했다.

엊그제 뉴스에서는 한참 피곤한데도 늦게까지 잠을 안 자고 버티는 사람들 마음 깊은 곳에는 하루를 성실히 살지 못했다는 일종의 죄책감이 있다고 보도했다. 그럴까. 열심히 하루를 버텨내는 것과 성실히 하루를 사는 일이 어떻게 다른지 고민하다가 답을 찾지 못하고 또 시간을 보냈다. 성실히 살지 않는 사람이 있는가, 사람은

누구나 자기 목숨을 내놓고 사는 거다, 쓸데없는 생각도 했다. 그러면 또 훌쩍 시계는 새벽을 가져다 놓았다.

오늘 오후에는 내게 많은 것을 가르쳐준 옛 직장의 동생이 임신 소식을 전했다. 마음 다해 축하하면서도 내심 묘한 기분이 들었다. 차라리 아무 말도 안 해주었다면, 하는 고약한 심보도 있었다. 사람들은 모두 각자의 자리에서 차곡차곡 인생을 쌓아 올리며 삶의 다음 장으로 넘어가고 있는데 나는 혼자 제자리에 서서 꿈만 꾸고

있을까. 이상한 조바심에 마음이 쿵쾅거렸다. 그 마음은 모호하면서 너무 사나워서 새벽까지 좀처럼 떨치지 않았다.

나는 어쩐 일인지, 언제부턴지 저 혼자 방향을 확 틀어서 한 번도 약속한 적이 없는 거꾸로 달리기를 하고 있다는 생각에 사로잡혔다. 무엇을 찾고 있는지 오래전에 잊었고, 찾는 게 여기에 없다는 의심도 한참 전에 품었다. 엉뚱한 곳에서 엄마를 찾거나, 부엌에서 장난감을 찾는, 꼭 아무것도 알지 못하는 아이처럼 그렇게 천지 분간 못 하고 헤매고 있는가. 그럴 때마다 숨 쉬는 게 힘들어 입을 크게 벌리고 심호흡을 해도 좀처럼 나아질 기미가 보이지 않았다.

바짝 당겨 내려놓은 블라인드 사이로 아침의 빛이 다 침범하도록 나는 아직도 잠들지 못했다.

웃는
——— 연습

06

캄캄한 내면을 가진 사람들은 실은 살아남기 위해 웃음을 배운다. 웃음을 연습하고, 관계를 시험 본다. 좋은 사람이 돼야 살아남을 수 있는 생존과 좋은 사람이 되지 못하는 현실 사이를 잰걸음으로 오간다. 자신을 들키는 게 가장 무서운 일이다. 그러니 노동의 웃음이고, 방어의 웃음이다. 필사적인 웃음이다. 오늘도 사람들에게 힘들여 웃어 보였다. 오늘도 친절했다. 오늘도 따뜻했다. 매번 살아남고 싶었다.

그날이 다시 오면 이 말이 꼭 하고 싶다. 당신 보기 좋은 사람보다 정말의 나로 살아야 하는 줄 너무 늦게 알아서 그랬다고. 당신 내게 더는 웃어주지 않을까 봐 무서워 나로 살지 않은 것이 이렇게 섬뜩한 일인 줄 알지 못했다고. 두려움 없이 자신의 어둠을 다 보

여줄 수 있는 사람이었다면 당신과 나는 지금보다 더 많이 사랑하고, 더 많이 사랑받았을 것이다.

KRÍA
BROKEY
STYKKISHÓLMUR

북극권의 ——— 여행자들

07

– 일 년 동안 아르바이트로 모은 돈을 탈탈 털어 왔어.

그는 서른 살이 되기 전에 꼭 하고 싶은 일이 있어서 이곳에 왔다고 말했다. 자정이 되어도 지지 않는 태양을 등지고 밤새 춤을 추고, 노래를 부르고, 새벽이 되어 그 햇살 아래서 한 통의 편지를 써 보고 싶었다고. 고작 그거였다. 남들 보기에 허튼일들. 그게 스물아홉 살의 제이콥을 스칸디나비아로 데려왔다.

카페에서 만난 청년들은 삼삼오오 모여 시간만 있으면 저마다 아무렇지 않고 별 쓸 곳 없어 보이는 이야기를 늘어놓고 있었다. 클럽에서 만난 남자와 사랑에 빠져서 그를 따라 이곳에 오게 된 포라, 아버지가 돌아가신 후 마음 둘 곳이 없어 훌쩍 떠나왔다는 테미. 서로 다른 사연으로 서로 다른 길을 떠도는 장기여행자들은 헛되고, 무모하고, 바보 같은 여행의 목적을 들고 있었다.

이상한 여행자들을 만난 적이 있다. 무지개를 찾아 길을 헤매는 사람들이었다. 북유럽 구석구석 협곡과 폭포를 뒤지며 무지개 사진을 찍는다고 했다. 그때 함께 이야기를 듣고 있던 누군가 물었다.

– 세상에, 특별한 목적지도 없이요?

그들 중 제법 나이가 많아 보이는 여성이 답했다.

– 그럼요, 목적지도 없이요.

이어서 그녀는 자신들이 찍은 사진을 보여주겠다 했다. 잔뜩 기대하고 있었는데, 막상 그들이 보여준 화면 속에는 무지개가 채 반의 반도 되지 않았다. 대신 별 시답잖은 것들이 가득 차 있었는데, 흔한 풀과 나무, 다람쥐나 양, 산골 소년이나 길에서 마주친 다른 여행자의 얼굴 같은 거였다. 실망한 사람들은 이내 화제를 좀 더 그럴싸한 여행 이야기로 돌렸다.

나를 포함, 그날 밤 게스트하우스에 모여있던 바보들은 무지개 여행자들에게 길의 의미가 무엇인지 알지 못했다. 그들이 날마다 차곡차곡 이미 목적지에 도착하고 있음도 우리는 눈치채지 못했다. 그들의 사진은 무지개 여행자들의 여행이 진짜 향해있는 곳을 끊임없이 말하고 있었음에도 우리는 아무도 깨닫지 못했다.

한참이 지나서야 알았다. 길을 통해 가려는 게 아니라 길에게 닿으려는 사람들이 있었다. 그들은 꽃이 울고 웃는 표정에, 바람과 바람 사이 방정스러운 꼬리물기에, 밤새 산짐승을 달래고 찾아드는 새벽의 고요에 닿으려는 이들이다. 나무의 경계마다 미끄러져 내려앉는 무진한 햇살에 다다르는 이들이다. 걸음마다 나고 죽는 수백 개의 내면에 도착하는 이들이다.

대단한 여행의 목표? 그딴 걸 찾아 헤매기에 그들은 너무 현명했다. 처음부터 길은 과정이 아니라 목적지였다. 여행의 이유는 충분히 헛되고 반짝거렸다.

ASIA

무엇이고 —— 무엇도 아닌 골목

상여

01

가을이 깊었다.

같은 날 같이 죽기로 약속한 잎들이
나무를 뛰어내린다.

결심은 붉고 절박해서
길마다 만장輓章이었다.

혼자
——— 저녁을 먹는다

02

아침부터 온종일 도쿄 시내를 걸었다. 특별히 가야 할 곳이나 꼭 지켜야 하는 일정은 없었다. 그저 천천히 걸으며 어디 흘러가는 이야기나 주워듣고 사진이나 몇 장 찍으면 충분했다. 날씨가 좋지 않아 잠시 비바람을 피하러 들어간 카페에서 창밖을 구경하고 있는데, 맞은 편 케밥을 파는 가게가 눈에 들어왔나. 저녁 시간임에도 자리는 텅텅 비어있었고 손님이라곤 말끔하게 정장을 차려입은 청년 한 사람뿐이었다. 방금 퇴근을 한 듯 여전히 반듯한 옷차림의 그는 막 건네받은 케밥 하나를 들고 자리에 앉기가 무섭게 허겁지겁 입속으로 밀어 넣는다.

텅 빈 가게에 저 혼자 전투를 치르는 듯 저녁을 먹는 모습이 어쩐지 안쓰러워 그에게서 눈을 떼기 어려웠다. 점심을 건너뛰었던 걸까. 아니면 보통의 식사 습관인가. 채 몇 분이 안 돼 케밥을 먹어 치우고 벌컥벌컥 콜라도 순식간에 마셔버리고는 자리를 털고 일어선다. 그리고는 가게 옆 골목으로 들어섰는데, 네 번째 집 앞에서 주머니를 뒤져 열쇠를 꺼내더니 꾹 밀어 넣어 문을 열고 안으로 사라져버렸다. 조금 전 저녁을 먹을 때는 무언가 엄청 급한 일이 있어 보였는데, 식사를 마치고 고작 몇 발짝 골목을 걸어 집으로 돌아가는 그의 걸음은 터벅터벅 한없이 느리고 무거웠다. 물론, 그는 그 걸음의 속도를 눈치채지 못했을 것이다.

나는 한참 오늘 먹을 저녁밥과 어제 먹은 저녁밥과 또 그전에 먹은 아주 많은 저녁밥을 떠올렸다. 다른 건 몰라도 청년은 그게 편했을 것이다. 친한 이들과 더는 밥때를 맞춰 약속을 잡지 않고, 습관은 돌처럼 굳어 아무것도 이상할 게 없었다. 저 집안에 누가 그를 기다리고 있을까. 이 근처가 자취촌이라고 들었다. 아무도 그를 기다리지 않을지 모른다. 일주일에 몇 번 어머니나 누이가 아니라면 그의 저녁 식사가 궁금한 이도 많지 않을지 모른다. 집을 코앞에 두고 골목 옆 식당에서 허겁지겁 감추는 저녁밥. 집이 이렇게 가까운 거리에서, 집을 이렇게 멀리 두고 저 이와 나는 저녁밥을 통해 만났다.

매일의 골목길은 왜 그렇게 느렸는가. 그러면서도 수백 번의 저녁, 수천 번의 밥이 어찌 이리 급했는가. 나는 날마다 혼자 밥을 먹으며, 그게 한없이 편하면서도 이처럼 병적이고 기형인 안녕이 없다고 생각했다. 그래서 혼자 먹는 밥이 급한 것만큼 서러운 게 또 없었다. 내일 밤 혹시 그를 다시 만나게 된데도 그와 마주 앉아 저녁을 먹는 불편한 일은 일어나지 않을 것이다. 그래도 오기로 이렇게 말해주고 싶었다. 당신아. 우리 그렇게 치열하게 저녁 먹지 말자. 혼자 먹는 밥, 그렇게 열심히 먹지는 말자. 아주 느리게 반찬을 바라보고, 아주 느리게 밥알을 세고, 아주 느리게 입을 벌려, 아주 느리게 씹어 넘기고 싶었다. 그런 오기가 있었다.

23
番線 Track
15:04 長野 行
あさま 615号
23番線の次発
15:12 なすの 261号 郡山

手羽先 250
もつ 120
レバ 120
つくね 120
ひな肉 150
創業70年の味

그 말의
——— 의미

(03)

빈방에 홀로 있을 때조차 더 혼자이고 싶어
후드티를 뒤집어쓴다는 작가와 커피를 마셨다.
나는 백 번 천 번 그 말을 알 것 같아
자꾸 고개를 끄덕인다.

아직 만나야 하는 자기가 많은 자가
아무도 사랑하지 못하거나 너무 많은 사람을 사랑하고는
커피를 앞에 두고 오래 앉아있었다.

돌아온 저녁. 바람에도 살 냄새가 났다.
빈방 창문을 가만히 열었을 때
바람을 넘어 들어오는 풍경마다

사람의 선이, 사람의 색이 그려있다.

혼자 있고 싶다는 말이 외롭다는 말인 줄
나는 그제야 비로소 알았다.

ABC-MART
コトブキゴルフ

2000
白山眼鏡店
ABC

소원을
——— 씻는 일

04

매년 겨울 십만 마리가 넘는 철새가 찾아든다는 시노바즈 연못 가장자리에는 팔각정의 사당 벤텐도가 있다. 일본에서 복을 부른다는 일곱 신 중에 예술과 음악을 관장하는 변재천을 기리는 신당이다. 절이나 신당을 들를 때마다 눈여겨보는 곳이 있다. 화려하게 꾸민 본당이나 수천 년 묵은 문화재가 아니다. 사람들이 저마다 꾹꾹 눌러 적어 넣은 염원의 글귀다.

벤텐도 앞마당에도 우측으로 길게 나 있는 담벼락을 따라 단정하게 자른 나무판 위로 사람들이 써놓은 소원이 걸려있었다. 일본어를 모르니 간혹 보이는 영어 글귀에 먼저 눈이 간다. 대체로 가족의 건강을 빌거나, 만날 수 없는 이를 그리거나 지금 가득 찬 사랑의 영원을 비는 문장들이다. 한 자 한 자 따라 읽었다. 비슷한 듯 다른 기도는 오래 읽어도 지루한 줄 몰랐다.

두 명의 여행자가 내 뒤를 따라 소원을 읽고 있었다. 눈인사를 나누다 어디서 왔냐고 물으니 스페인과 아일랜드에서 왔다고 답했다. 두 걸음쯤 떨어져 섰다가 그들의 대화를 잠깐 엿들었다.

– 우리도 이거 적을까?
– 에이, 이런 거 적어서 뭐해.

그즈음에서 다음 대답이 아마도 이럴 거라고 짐작했다. '혹시 모르잖아.' 하지만 소원을 적어보자고 처음 제안했던 여행자의 답은 이랬다.

– 그걸 누가 모르나. 그래도 마음이 중요한 거지.

정말일까. 그녀가 맞을 것도 같았다. 이들은 신을 향해서가 아니라 저마다 자기 자신에게 다시 이르기 위해 쓰인 문장인지도.

사람들은 알고 있다. 신은 이 담을 들여다보지 못하고, 빼곡히 적은 글귀도 다 읽지 않는다. 그것이 쓰였는지 모르는 소원을 들어줄

리도 없었다. 사람들 역시 오래지 않아 이곳에 자신의 소원을 달아 둔 일을 까맣게 잊을 게 틀림없다. 게다가 음악의 신에게 가족의 건강을 비는 어리석음이라니. 그러나 오늘도 여전히 사람들은 음악이나 예술의 신과는 아무런 상관없는 소원을 오래 생각하고, 천천히 적어서, 조심조심 담벼락에 걸어둔다.

이 소원은 신에게 읽히기 위해 쓰인 것이 아니다. 스스로 고결하기 위해 적힌 꿈들이다. 100억을 가진 부자가 200억을 갖게 해달라고 적어둔 소원을 아직 한 번도 본 적이 없다. 친구의 안녕, 돌아간 어머니의 명복 같은 염원은 세상적 욕심이 아니라 훨씬 목적 없고 그래서 비로소 고결해진 바람이다. 신을 거울삼아 거르고 거른 소원은 그들이 가진 모든 욕망 중에 가장 순하고 가장 온유한 결핍이다.

아일랜드와 스페인 여행자는 기어이 오늘 여기에 두 개의 소원을 더 했다. 그들을 보내고 읽으니 하나는 어머니를 다시 만나게 해달라는 것이었고, 다른 하나는 어깨를 다친 동생의 쾌유를 비는 것이었다. 사람의 소원은 이곳에서 목욕한다. 희고 무결했다.

술 받아마시는 ——— 청년

05

금요일 밤이다. 한 주의 근무를 마친 회사원들이 삼삼오오 시장으로 모여들었다. 8시를 넘어가며 시장은 북새통이 됐다. 남자들은 대부분 검은 양복에 넥타이를 매고 있고, 여자들도 단정하게 정장을 입었다. 머리끝부터 발끝까지 무엇 하나 나무랄 곳 없이, 또 튈 곳도 없이 말쑥하게 차려입은 사람들이 술을 마시며 목소리를 높인다. 정해진 선을 중요하게 여기는 일본사람들 사이에 가장 반듯한 규칙과 그 규칙의 균열이 함께 사는 여기. 금요일의 사람들로 가득 찬 시장은 온통 피곤한 이들이 만들어 내는 분주함으로 묘한 생기가 돈다. 아메요코 시장의 풍경이다.

2차 세계대전 이후 1950년대 중반부터 1970년까지는 일본 경제의 고도성장기였다. 이곳 도쿄의 우에노 지역은 그 성장기에 도시에서 성공을 꿈꾸며 도쿄에 첫발을 디딘 사람들이 짐을 내리고 지금까지와 다른 새로운 삶의 시작을 꾸렸던 곳이다. 그들은 지인의 지인이 도시에서 얼마나 멋지게 생활하는지 전해 들었다. 저마다 그처럼 반듯하게 넥타이를 매고, 정장을 빼입고, 날렵하고 네모난 책상 위에서 일해보고 싶었다. 하지만 도시의 삶이 모두에게 만만했던 건 아니다. 그들 중 적지 않은 사람들이 도쿄의 삶에 적응하지 못해 거리를 떠돌았다. 일부는 노숙인이 되었다. 서울이, 뉴욕이, 또 런던이나 파리가 그랬던 것처럼 도쿄라는 신도시와 도쿄를 채우려 했던 사람들 사이에는 틈이 있었다. 그러니 어떤 의미로 오늘 이곳에 모인 금요일의 사람들은 그 틈의 역사 끝에 성공한 이들이다. 그들의 아버지가 몹시 꿈꿨던 삶을 살아가는 이들이다.

구석에 자리를 잡고 앉아 회덮밥 한 그릇과 사케 한 병을 시켰다. 테이블마다 뽀얗게 담배 연기가 올랐다. 아직 셔츠 깃 아래로 넥타이를 꽉 조여 맸던 사람들이 하나둘 느슨하게 풀어내는 것이 보였다. 옆 테이블에도 한가득 넥타이를 풀어헤친 사람들이 잔뜩 취기가 올라 있었다. 테이블 끝에 앉은 한 남자가 일어났다. 그가 뭐라고 인사를 하고, 그를 둘러싼 사람들이 손뼉을 치고는 이런저런 말을 그에게 던졌다. 짓궂은 농담이었을까, 이미 취기가 잔뜩 오른 남자의 얼굴이 귀까지 더 발갛게 달아오른다. 그리곤 남자를 향해

술이 여러 잔 오간다. 남자는 마다하지 않고 다 받아마셨다. 아무리 봐도 이제 막 입사하게 된 회사의 막내쯤 되어 보였다.

한참이 지나 화장실에서 그를 다시 만났다. 밖에서 소변을 보고 있는데 안쪽 칸에서 웩 웩 속을 게워 내는 소리가 들렸다. 문을 따고 나오는 사내의 얼굴을 힐끗 보니 아까 그였다. 내 뒤를 따라 나온 사내는 일행에게 돌아와 다시 어색하게 웃으며 술을 자꾸 받아마

신다. 그를 격려하려는 듯 옆에 앉은, 그보다 나이가 좀 더 많아 보이는 다른 남자가 그의 등을 툭툭 만져주었다. 그만 마셔도 된다는 뜻이었는지, 더 받아마시라는 의미였는지, 그 마음 그 처지 나도 다 겪어봤다는 말이었는지 알 수는 없었다. 억지 잔을 마다치 않고 잘 받아마시는 청년은 그 뒤로도 한두 번 더 화장실을 오갔다. 나는 그 모습을 더 참지 못하고 있는 술을 조금 남기고 가게를 나오고 말았다.

어쩜 저리 열심의 삶인가.
어째 저리 있는 힘껏 최선의 날인가.
왜 그렇게 온 힘으로 살아내야 살 수 있는가.

야메요코 시장의 골목마다 열심히 사는 금요일의 부대가 가득했다. 앳된 얼굴의 막내가 최선을 다해 술을 받아먹고 있었다.

너는
——— 이미

06

그 외에 다른 말은 모두 닥치고,

잘할 거라 믿는다는 말 대신 못 해도 상관없다는 말.
꼭 이기라는 말 대신 져도 된다는 말.
넌 언젠가 찬란하게 빛날 거라는 말 대신
꼭 별이 되지 않아도 괜찮다는 말.

네가 할 것들, 이룰 것들, 그 모든 위대한 것 못지않게
넌 이미 많은 걸 했다.

그 말이 듣고 싶은 밤이다.

上野店
TEL:03-3831-6300

열심

——— 사회

07

너무 열심히 사는 것 같아서 우울하다 했더니 옆에서 듣고 있던 교육활동가 한 분이 내게 다시 물었다.

– 아니, 그게 왜 우울해요?

말문이 막혀서 잠시 머뭇거리다가 그러게요, 하고 말았다. 뭐 모든 거에 이유가 있을 수 있나. 어쨌든 나는 누구든 열심히 사는 게 우울하다.

한참 전 종영했던 리얼리티 프로그램이 있다. 다양하게 기획된 생존게임을 하며 이겼을 때 획득하는 코인의 개수에 따라 우승자가 결정되는 방송이었다. 최종 우승자는 상당한 금액의 현금을 받게 된다. 출연자 한 명이 이를 악물고 매 게임 보는 사람이 민망할 정도로 안간힘을 썼다. 작은 속임수도 부렸다. 결국, 프로그램에서 최종 승리하더니 인터뷰를 하며 울먹였다. 기뻐서 그러냐는 사회자의 질문에 그녀의 대답은 전혀 다른 것이었다. 이긴 게 좋으면서도 동시에 이렇게까지 열심히 하는 자신이 슬프다고. 이렇게까지 치열하게 상금이 필요한 자기가 슬프다고. 최선을 다해야 뭔가 이룰 수 있는 종류의 삶이 그렇게 그녀는 슬펐다.

페이스북을 만지작거리는데 만난 적은 없지만, 평소 관심을 뒀던 지인의 글 하나가 눈에 들어왔다. 자신이 얼마나 많은 것을 이뤘는지 관한 글. 이를테면, 예전에는 이랬는데, 이렇게 마음을 바꾸고, 이렇게 열정을 쏟으니 이렇게 잘 되더라 같은 거. 너도 열심히 하렴, 뭐 이런. 그 사람이 만약 옆에 있었다면 똥을 싸서 처먹고 앉았다고 말해줬을 것 같다. 내가 뭔가를 이뤘고, 그게 나의 열정이나 성실 덕분이며, 그러니 당신도 더 치열하게 노력하라는 메시지가 나는 몹시 화가 난다.

지금 우리가 겪고 있는 개인적, 사회적 문제들의 상당수가 더 뛰라고, 더 바빠지라고, 더 열심히 하라고 권하고, 격려하고, 심지어 강제하기 때문이라고 생각한다. 몹시 열심히 살아야 살아낼 수 있는 삶이 어떻게 좋은 삶이 될 수 있는가. 항상 최선을 다해야 뭔가를 성취할 수 있는, 이를 악물고 간절해야 꿈에 닿을 수 있는 사회가 어떻게 건강한 곳인가. 아무리 생각해도 알지 못하겠다. 참 지겨운 열심. 어제도 오늘도 내일도 열심 권하는 세상이 더럽게 유감이다….

営業時間
昼12:00～朝05:00
タイムサービス（¥4,000セール）
昼12:00～夜23:00
http://akasuri.net
オイルリンパ

오래된
——— 사람들

08

골동품 가게를 구경하고 있는 노부부를 만나는 건 참 재밌는 일이다. 꼭 누가 더 시간을 많이 먹었는지 내기하고 있는 것 같다. 누가 더 많은 비밀 이야기를 가졌는지, 누가 더 많이 삶의 비밀을 풀었는지 밑장까기 하는 것 같다.

골동품 가게 앞을 지나다가 입구에 서서 한참 동안 그릇 하나를 만지작거리는 부부를 발견했다. 남편은 어쩌고저쩌고 자신의 오래된 그릇 이야기를 들려준다. 아내는 그런 것 따위는 관심 없다는 듯 듣는 둥 마는 둥 나이든 그릇을 여러 번 만지작거린다. 그릇과 낡은 시계와 다과상은 별말이 없지만 속으로 코웃음을 치고 있을지도 모른다.

야, 이 젊은것들아, 주접을 떨더라도 더 살고 와서 떨어라.
어디서 감히, 흠흠!

한참 젊고 한참 늙은 가게 주인은 눈치도 없이 그릇을 들었다 내렸다 흥정을 붙인다. 오래된 물건의 집에는 오래된 사람들이 찾아오곤 했다. 삶을 다 받아 안고 속에 새겨 무수해진 이들이다. 오직 저들만이 시간의 진짜 의미를 알고 있다.

SH-4

禁 煙
No Smoking

QUIKSILVER

여기와
——— 거기

09

특히 여행지에서 나누는 통화에 어머니의 목소리는 반가우면서도 한편 쓸쓸하다. 밥은 먹었니, 보통의 인사에도 외로움이 툭툭 떨어져 날린다. 너는 왜 이렇게 말이 없니. 그냥, 피곤해서요. 잘 자라는 무심한 인사를 던지고 까마득한 여기와 거기. 어머니와의 진짜 통화는 이제 전화를 끊고 나서야 시작되는 것인지 모른다. 나는 이런 삶을 살고 있어요, 나는 이런 것들 앞에서 무너지고, 나는 이런 곳을 찾아 떠돌고 있어요. 말하지 못한 문장을 채울수록 이상하게도 내 목적지와 어머니의 집은 자꾸 멀어졌다.

어떤 위안도 드릴 것이 없어서 무뚝뚝하게 나는 버텼다.

LEATHER
SHOP
革ノ館

두 개

10

아버지가 조카 손주를 꽤 오랫동안 지긋이 바라보고 있던 모습이 잊히지 않는다. 눈을 함부로 깜빡이면 마치 아이가 도망갈 것처럼 아버지는 아주 천천히 눈꺼풀을 닫았다 열었다. 눈빛에도 속도란 게 있단 걸 그때 알았다. 아버지는 아이의 볼을 눌러보고, 발가락을 만져보고, 엉덩이 냄새도 맡아보며 말갛게 웃었다. 그러다가 나와 눈이 마주쳤다. 숨길 것이 없어도 나는 무언가 들켜버릴까 봐 무서워 금방 눈을 피했다. 아버지는 그의 아들이 남들처럼 보통의 사람을 만나고, 보통의 연애를 하고, 보통의 결혼을 해서 보통의 손주를 낳아줄 것을 오래 기다리고 있었다. 그러며 한없이 늙었다.

어머니를 한참 지켜보다가 그녀의 얼굴 어디를 살펴도 주름 아닌 곳이 없단 걸 알아챘다. 볼과 귀 사이에 여덟 개의 주름은 너무 깊어서 누군가 밤새 그어놓은 것 같았다. 아, 이 자리에 이런 주름이 생기기도 하는구나. 몇 번 만지작거리자 어머니가 나를 향해 수줍은 표정을 지었다. 나는 따라 웃었다. 아주 이상하고 무정한 웃음이었다. 어머니의 소원은 그녀의 아들이 월요일부터 금요일까지 정직하게 일하고, 그 돈으로 아내와 아이를 먹여 살리는 성실하고 안정적인 봉급생활자가 되는 것이었다. 있는 힘껏 그녀의 꿈에 꼭 맞는 착한 아이가 되고 싶었지만 나는 계속 그녀가 이해하지 못하는 길 위에서 서성거렸다.

아주 작은 방에서 다 같이 자는 밤. 책상에서 잠깐 일을 하다가 돌아보니 낮게 코를 고는 아버지와 등을 비켜 반대로 누운 어머니가 반쯤 어둠에 가려 놓여있다. 많이 미워하고 또 숱하게 그리워한 저 몸 두 개. 나와 많이 다르고, 그래서 한참 서로를 불렀던 저 정신 두 개.

장황할 것 없이 그저 각자의 몸과 정신이 시간을 발라먹고 있었다. 이제 우리가 지나야 할 모든 게 두렵다는 말은 아무도 하지 못했다.

전도

11

같은 곳에 앉아 같이 꿈을 고민하던 친구 중에 어떤 녀석은 이제 의사가 되었다. 화장품 관련 작은 회사를 운영하는 놈도 있다. 최고라는 기업의 잘나가는 부서에서 일하는 녀석도 있고, 어떤 친구는 변리사가 되었다. 또 하나는 멀리 이민을 가서 연락이 끊겼다. 대부분은 이제 누군가의 아빠, 엄마가 되었고 물론 이혼을 한 녀석도 있다. 모두 손을 내밀면 만질 수 있는 곳에 있었는데 이제는 가는 길과 바라보는 세상이 전부 달라져 버렸다. 당연한 일이다. 가슴에 저마다 다른 꿈을 품었으니까. 앞으로도 아주 다른 꿈을 꾸게 될 거다. 그리고 시간이 지날수록 그 꿈을 비교하는 일도 잦아질 거다.

TV 뉴스에는 이런 보도가 나왔다. 인간이 가장 박탈감을 느낄 때는 나와 비슷한 수준의 비슷한 처지라고 믿었던 누군가 훌쩍 나를 뛰어넘을 때란다. 나는 목이 떨어지도록 고개를 끄덕였다. 더 멀리, 더 빨리, 더 높이 가는 주변 사람들이 많아질수록 누구나 자신을 의심하게 된다. 그들이 나와 같은 곳에서 비슷한 세상을 조잘거리던 사람들이라면 오죽할까.

그러니 절대 잊어버리면 안 되는 게 하나 있다. 그 모든 다른 사람의 꿈은 사실은 애초에 내가 선택하지 않은 것들. 남의 꿈을 가져다 내 삶을 채울 수는 없는 일이었다. 함께 꿔야 마땅한 꿈이 있는 것처럼 누구의 것이 아니라 온전히 나 자신이어야 하는 꿈도 있다. 반드시 꿈이 되어야 하는 게 있는 것처럼, 꼭 꿈으로 가져야 할 필요가 없는 것들도 있다. 지금 꿈으로 품어야 마땅한 사람이 있는 것처럼, 훨씬 늦게, 아주 나중에 꿈이어야 저 자신인 사람도 있다.

시간이 날 때마다 내 것 아닌 꿈을 가져다 무게를 재곤 했다. 없는 꿈을 자꾸 쪼며 조마조마하고 억울하기도 했다. 꿈이 사람을 팔아먹는 전형이었다.

38
28
39
40

신에게

(12)

다른 여행자들의 단아한 눈매와 고요한 입, 굳고 탄탄한 어깨를 지켜보는 건 보람된 일이다. 여행자들은 반짝이는 절의 지붕과 차오프라야강 변 여기저기에 널린 가난한 태국인의 빨래를 구경하며 저마다 다른 삶의 비밀을 찾고 배웠다. 불상을 앞에 두고 표정은 진지해진다. 저 때의 얼굴이 제일 좋다. 조금 외롭고, 조심스럽고, 약간 소심하며, 또 사려 깊다.

그들은 가만히 가만히 걷는다. 되도록 낮은 신발을 신고, 불상을 향해 함부로 발을 뻗지 않으며, 짧은 치마를 입은 이는 다리를 가리고, 민소매를 입은 자는 어깨를 감춘다. 신 앞에서 낮아지는 사람들을 보면 안도감이 든다. 무엇을 믿는지, 누구를 믿는지와 상관없이 가만히 신과 삶의 원심으로 고개 숙이는 장면 앞에서 어쨌든

나는 모두가 결국 신에게 가까이 가고 있다는 말을 믿지 않을 수 없다. 무릎을 꿇고 등을 구부린 뒷모습 아래에는 온순한 그림자가 생긴다.

어찌 보면 살짝 비웃는 듯, 웃지 않는 듯, 가끔은 어딘지 모자란 듯 불상은 웃었다. 마음에 온통 불이 오를 때 저 미소를 한참 보고 있으면 어느 순간 그래, 그만큼 울었으면 됐다, 그만하면 된 거다, 너무 걱정하지 마라, 이제 집에 가서 뭐 좀 요기라도 해라, 이렇게 말하는 듯 보일 때도 많았다.

삶의 기준이 될 가치를 찾아 헤맬 때 사람의 여행은 구도를 닮고 여행자의 얼굴은 구도자의 표정을 갖는다. 꼭 종교의 기원을 찾아 고난을 끌어안고 먼 길을 떠나지 않아도 여행의 어떤 시간에 우리는 저마다 구도자가 된다.

누군가 다시 기도하고 있었다. 신이 밥상을 차리고 따뜻한 국 한 그릇을 먹였다.

온몸으로
——— 교차했다

13

직접 한국 TV를 볼 방법이 없어서 미국에 거주하는 한국인들을 대상으로 하는 사이트에 누군가 올려주는 유튜브 링크를 통해 오래된 시트콤 하나를 며칠째 보고 있다. 오늘은 찌질한 노총각 만화가가 초상집에서 벌이는 에피소드가 펼쳐졌다. 그는 우연히 누군가의 부고 전화를 받는다. 그런데 문제는 도대체 고인이 누군지 아무리 생각해도 모르겠다는 것. 전화를 건 여자는 흐느끼며, 아버지가 갑자기 돌아가셔서 수첩에 있던 전화번호를 보고 연락을 드린다고 했다. 여전히 누군지 생각이 안 나지만 혹시나 해서 그는 빈소를 찾게 되고, 절도 올리고 식사도 하지만 아직도 도대체 누군지 떠오르지 않는다. 문상객이 거의 없어 측은한 마음에 이것저것 잡일을 좀 돕다가 그는 염하는 자리에도 같이 들어가고 끝내 상여도 지게 된다. 돌아오면서 아무리 생각해도 고인이 누군지 알 길이 없다.

이제 이야기는 그가 기억하지 못하는 과거로 돌아간다. 버스에 올랐는데 지갑을 집에 두고 온 것을 뒤늦게 깨닫고는 어쩔 줄 몰라 그가 당황하고 있다. 이때 같은 버스에 타고 있던 이름도 모르는 허름한 옷차림의 노인이 대신 천 원을 내준다. 그는 고마운 마음에 통장계좌를 알려주면 천 원을 부쳐드리겠다고 했지만, 노인은 결코 사양했다. 만화가는 자기의 이름과 번호를 적어주며 나중에 인사라도 드리게 꼭 연락을 달라며 헤어졌다. 그리고 노인은 집으로 돌아와 그냥 그 번호를 자신의 수첩에 옮겨적어 놨을 뿐이다. 서로가 까맣게 잊었지만, 천 원을 내준 인연으로 주인공은 그의 딸을 위로하고, 염하는 자리를 지키고, 상여를 이고 화장터까지 갔다. 물론 그는 평생 이 인연의 비밀을 모른 채 살아가게 된다.

누구나 하나쯤 사실은 별 것 아닌데 저 혼자 턱까지 울컥 가슴이 차오르는 그런 이야기가 있다. 이를테면 내 친구는 아버지에 관한 이야기만 나오면 그게 언제든 심장이 꾹 눌린다고 하고, 어머니는 고생한 새댁의 이야기가 나올 때마다 매번 눈물을 훔친다. 나는, 숨은 인연이 서로를 어떻게 잇는지, 그것이 서로에게 무엇이 되어 돌아오는지에 관한 이야기를 볼 때마다 온몸에 전기가 온다.

沖縄食堂
ACHIKOKO
アチココ
SoftBank
SoftBank
SoftBank
沖縄食堂
ACHIKOKO
アチココ

〈크래쉬〉라는 영화가 있다. 2006년 아카데미 작품상을 받은 이 영화는 서로를 모른 채 살아왔던 열다섯 명의 사람들이 실은 어떻게 얽히고설켜 있는지, 작은 행동과 결정이 서로를 어떻게 살려내는지 그리고 있다. 나는 이 영화를 철저히 인연에 관한 영화로 읽었고, 그래서 보는 내내 눈물 콧물을 쏟았다.

세상의 모든 것들이 하나도 빠짐없이 서로에게 연결되어 있고, 아무리 작은 생각과 행동도 서로에게 영향을 미쳐 결국 자신에게 돌아온다는 건 너무 선한 억측이다. 별별 이론도 다 있지만 실은 망상에 가깝대도 딱히 반박할 말도 없다. 하지만 나는 몹시 그걸 믿고 싶다. 언제 어떻게 돌아오는지, 누구를 통해 무엇을 통해 오는지, 어디로 가는지 보이지 않아 모를 뿐이라고 제멋대로 착각하고 싶다.

당신과 내가 서로 닿았다. 그것도 숨마다 손짓마다 온몸으로 마주 닿았다. 이보다 더 등 따습고 배부른 위로를 알지 못하겠다.

실패

14

왜, 그런 얘기 있잖아요? 어느 유명한 도공이 막 구워낸 도자기를 꼼꼼하게 이리저리 살펴보다가 아주 작은 흠이라도 발견하면 쨍그랑- 아까운 도자기를 박살 내버리는. 그러며 그 도공의 장인정신이 얼마나 대단한지 감탄하잖아요. 뭐, 그래야 도기가 제 값을 받는다는 말도 있고요. 참 멋진 일이죠?

그런 면에서 보면 이 예술가는 아주 초짜예요. 사내는 오래오래 그림을 그려요. 그러다가 막바지에 이르러 그만 붓질이 어긋나고 마는 거죠. 사내의 그림은 그 위에 덧칠하기가 힘들대요. 다른 사람은 잘 모를 수 있지만 사내만큼은 망가진 그림의 흠을 너무 잘 안대요. 사내도 도공처럼 그림을 쫙쫙 찢어서 새 그림을 그리면 얼마나 좋을까요? 그런데 세상에, 망친 그림도 값을 받고 파는 거예요.

노력이 아까워 그러냐고 물으니 그런 건 또 아니래요. 그럼 어째서냐고 다시 물으니 이렇게 답하더라고요. 실패한 그림도 다 자기 그림이래요. 그가 앞으로 완성할 다른 훌륭한 그림의 밑거름이어서 이 그림이 의미가 있는 게 아니래요. 이건 이거대로 '조니스가 실패한 그림' 딱 그 의미로 남겨져야 한대요.

실패자들이 모이는 학교가 있어요. 그곳에서 알려주는 건 지금의 실패는 반드시 다음 성공의 밑거름이 될 거라는 사실이죠. 실패가 실패로 끝나면 절대 안 된다고 가르쳐요. 실패는 그러면 손톱만큼도 의미가 없는 거래요. 이 말을 듣고 예술가는 코웃음을 쳤어요. 그러며 이 얘기를 꼭 해줘야겠대요.

기필코 실패를 교훈 삼아 성공해야만 실패에 의미가 있는 건 아니라고. 그의 경험에 비추면 주로 성공만을 통해 자기 내면을 채운 사람들은 대개 공감 능력이나 세상의 나머지 반에 대한 이해가 떨어지더래요. 저 아래 결핍이나 좌절감, 갈증이나 무력감, 패배감과 상실감 같은 기억을 선명하게 가진 사람. 때로 이기고 또 그만큼 지기도 하면서 지금에 도착한 사람. 그들의 바닥에 단단하게 박혀 있는 실패의 경험은 그 자체로 빛나더래요.

실패, 그것참 지랄 같은 거죠. 어느 바보가 몰라요? 엄청 외로운 거죠. 그래도, 그건 또 그거대로 힘을 갖는다고 믿을래요. 남들 보기에 짜잔 멋지고 그럴싸한 성공의 발판이라서가 아니고요. 딱 실패 스스로가 충분히 그렇다고요.

홍콩의
——— 표지들

15

하늘을 찌를 듯 솟은 날카로운 빌딩들 틈새에 마구잡이로 놓여있는 홍콩 뒷골목 풍경은 서울과 다른 듯하면서도 꽤 닮아있다. 뭐랄까, 화려한 축제가 지나고 난 뒤 한참 남겨진 무대의 뼈랄까. 멋대로 걸려있는 뼈의 표지들이 오래 내리는 비를 맞고 있다.

노인이 힘겹게 손수레를 끌며 지나가고 있었다. 그의 수레에 놀랍고 당연하게 폐지만 담겼다. 잘빠진 도로와 잘 다듬어진 빌딩과 예쁜 색의 불빛들이 저마다 빛났다. 젊고 어린 것들은 화려한 하루를 뽐내며 지났다.

한창 삶이, 여행이 찬란한 이들에게 그는 좀처럼 발견되지 않는 풍경이다. 그는 좀처럼 발각되지 않는 인간이다. 한참이 지나고 나서야 사람들은 삶이 실은 새콤하거나 달콤한 것이 아니라 짜다는 걸 알게 된다. 그제야 보이는 장면이 있었다. 도시는 낡고 환하며, 오래된 골목에는 소금 같은 사람들이 깊었다.

宇明裱畫店
畫架
裱畫
Frames
1983
Lunch Dinner Late
Mezzes Kebabs Falafel
雅翠火鍋小
筷子記

高佬髮
Raymond 1/F
Hair Dressing
北京足療
Universal Cyber Cafe
成興
五金漆油
五金漆油
菲律賓東方大學牙科博士
牙科醫生 伍偉民
DR. NG WAI MAN DENTAL SURGEON
D. D. M. (U.E. PHIL.)
4/F A室
京華攝影
King Wah Studio
群英商業大廈 8/F Khuan Ying Comm. Bld
9961
2:00PM 至 8:30PM

기차에서

16

군마현으로 가기 위해 신칸센을 기다리는 동안 사람들을 구경했다. 동양의 열도를 찾아온 다른 대륙의 여행자가, 3대가 나란히 앉아 우유를 마시고 있는 가족 여행자가, 하루의 도시를 다 마친 일상의 여행자가 이곳을 지나 집을 떠나고 또 집으로 돌아간다. 도착 시각보다 일찌감치 기차역에 나가 이런 수많은 여행자를 구경하는 일을 좋아하곤 했다. 관찰은 열차 안에서까지 이어진다. 그러니까 이건 아주 오래 기차를 타다가 책도 지겹고 잠도 오지 않을 때 나 혼자 즐기는 소소한 놀이다.

많은 경우 그의 행색, 짐, 얼굴에 묻어나는 피로의 정도를 가늠해 보면 그가 어딘가로 여행을 떠나고 있는 사람인지, 아니면 여행을 다 마치고 돌아가는 사람인지 짐작할 수 있다. 혹여 그가 이제 막 떠나는 사람이라면 어쩌면 우리는 같은 기차역에서 내리고 같은 호스텔에서 잠을 자게 될지도 모른다. 그런데 이상한 것은 떠나는 사람의 여행을 가늠해보는 것보다는 돌아가는 사람들의 가만히 닫혀있는 진중한 입이 나를 더 쉽고 강하게 유혹한다는 점이다. 일상으로 돌아가는 피로한 얼굴, 반쯤의 실망과 반쯤의 안도가 담겨있는 그런 얼굴은 인상적이다.

누구든 여행을 자랑하고 싶다. 확인받고 싶은 욕구, 인정받고 싶은 욕구 때문이다. 내가 이렇게 괜찮은 여행을 했다, 내가 이렇게 멋진 곳을 다녀왔다, 그러니 나 잘살고 있지? 라는 물음이다. 하지만 막상 실제 여행의 장면들은 쉽게 실망이나 아쉬움으로 바뀔 때가 많다. 이제 집으로 돌아오는 길. 창밖으로 아득하게 펼쳐지는 풍경을 바라보며 생각한다. 아, 이렇게 허허하게 여행이 끝나는구나. 그러며 여행을 통해서 삶은 더 빛날 것도, 특별해질 것도 없다는 걸 알게 된다.

하지만 동시에 드는 다른 생각도 있다. 막상 이 여행을 떠나오지 않았다고 생각하면, 그건 또 얼마나 거지 같은 일인가. 돌아가는 사람들의 얼굴에는 그런 감정이 숨어있다. 얼마의 아쉬움, 얼마의 자위, 또 어느 정도의 미련과 얼만큼의 타협이다.

그녀는 빛이 다 미치지 못하는 창의 안쪽 그림자에 검게 숨어 미동도 하지 않은 채 아주 오랫동안 창밖만 바라보고 있었다. 책을 보지도, 잠을 자지도, 물을 마시지도 않는다. 겨우 코와 입 사이를 진중하게 누르고 있는, 그래서 받쳐 들지 않고는 어딘가로 떨어져 나갈 것 같은 머리를 손으로 고정하고 있는 그녀가 이제 돌아가는 사람이라고 나는 짐작하게 된다.

고향에 도착해서 익숙한 버스를 타고 익숙한 정거장에서 내려 익숙한 길을 걸어 익숙한 키를 꺼내고 익숙한 현관문을 열고 들어서면 마침내 그녀의 뻔한 집이 있겠다. 여행은 원래 평범한 것이다, 나의 여행이 평범해도 괜찮다, 그녀는 오늘 밤 이렇게 조금 섭섭한 마음을 자위하며 잠들지도 모를 일이다. 내 수십 번의 여행도 그랬다고, 어느 멋진 여행자의 수백 번 여행 역시 실은 그랬을 거라고, 이렇게 말해주면 위로가 될 수 있을까. 아니다. 그녀는 이미 아주 잘 알고 있을 것이다.

20

6両
クリア
南行
快速京浜東北線
215C
JR
6両
クリア
山外
14-1

무엇이고
—— 무엇도 아닌 골목

17

쿠사츠 마을에 도착했다. 한 언론사에서 발표하는 일본 전역의 100대 온천 조사에서 십 년 넘게 한 번도 1위를 놓친 적이 없다고 한다. 작은 마을이지만 일본 사람들이 최고의 온천을 꼽는 데 꼭 이름을 올리는 곳이다. 어머니와 함께 왔다. 그저 료칸에서 온천을 하고, 나오는 밥을 먹고, 간식을 사 먹고, 작은 가게들을 실컷 구경하는 것. 그게 하고 싶은 일, 할 일의 전부다.

마을의 주요 관광지라야 모두 도보 거리에 있다. 여느 관광지와 크게 다를 바 없는 작은 가게들이 길을 따라 사방으로 이어진다. 다만, 중심부에 유바타케라는 곳이 있는데 분당 수천 리터의 온천을 쏟아내는 쿠사츠의 상징 같은 장소다. 원래 유바타케는 원천을 지면에 흘려보내 온도를 조절하거나 침전물을 획득하는 시설로 쿠사츠의 유바타케는 그 규모 면에서 명성이 자자하다.

숙박료를 고려해 유바타케 중심부로부터 꽤 떨어진 곳에 숙소를 잡았다. 료칸과 쿠사츠 중심가 사이 한두 시간에 한번 꼴로 셔틀버스가 오간다. 온천을 마치고 다음 날 유바타케를 찾았을 때 어머니의 반응이 의외로 담담했다. 압도적으로 펼쳐진 목조 시설이나 폭포를 이루며 쏟아지는 원천이 그녀를 깜짝 놀라게 할 줄 알았는데 막상 그녀의 표정은 너무 심심했다. 거리에 차려진 예쁜 가게들도 그녀의 시선을 끌지는 못했다. 나는 괜히 김이 빠졌다. 구경은 반나절 만에 끝나버렸다.

숙소로 돌아가는 셔틀버스를 기다리다가 갑자기 어머니가 묻는다.

– 우리 그냥 걸어서 갈까?
– 날씨도 쌀쌀하고 거리도 꽤 될 텐데?
– 나는 상관없는데.

그래서 어머니와 나는 쿠사츠 시골길을 걷는다. 숙소까지 이어지는 길은 관광지에서 살짝 벗어난 지역이다. 중심부를 비켜나 언덕 쪽으로 길을 잡자 지금까지와 조금 다른 풍경이 펼쳐지기 시작한다. 잔뜩 일본 전통의 색을 낸 가게도, 단정하게 정리된 식당도 보이지 않는다. 환하게 웃으며 여행자를 반기는, 친절한 마을 사람들도 사라졌다. 대신 페인트칠이 다 벗겨진 낡고 오래된 집과 아무것도 꾸미지 않은 작은 공터, 아무렇게나 널브러진 자전거와 의자, 방치된 창고, 얼굴에 웃음을 연습하지 않은 사람들이 무표정한 얼굴로 길에 삶을 꺼내고 있다.

어머니의 표정은 아까 유바타케나 중심가 골목을 돌아다닐 때보다 훨씬 밝았다.

– 이 집에도 사람이 사나 봐?
– 어머, 아직도 저런 차를 타네.
– 아니 무슨, 깨진 유리창을 고치지도 않았대? 이제 겨울일 텐데.

어머니의 입이 조잘조잘 쿠사츠의 날 것과 작은 실랑이를 벌인다. 우리는 아주 느리게 걸었다. 간혹 서서 남의 집 앞마당을 한참 구경하며 감 놔라 대추 놔라 오지랖이 넓었다. 치장하지 않은 삶에 든 단풍은 더 붉게 힘을 주고 있었다.

여행을 마치고 돌아오는 기차에서 어머니에게 물었다. 뭐가 가장 좋았어? 온천도 좋고, 단풍도 좋았지만, 너랑 걸었던 마을 골목길이 제일 좋았다고 답했다. 아무렇게나 놓여 아무렇지 않은 길이 나도 좋았다. 저 자신으로 차려져 다른 무엇도 아닌 골목이 가장 뿌듯했다.

다른
——— 이름

(18)

나는 이제 살이 퉁퉁 불었는데 어머니는 노천탕에 앉아 나올 기미를 보이지 않는다. 그녀의 첫 일본온천이었다. 첫 일본여행이었다. 지금껏 그녀가 몰랐던 세상을 선물하는 일이 제일 재밌다. 정훈 씨 효자네요. 어머니와 일 년에 한두 번 여행을 한다면 심심치 않게 듣는 소리다. 사람들의 착각이었다. 예전에는 이 여행이 그녀를 위해서라고 오해한 적이 있었지만 적어도 지금은 아니다. 이게 나를 위해서라는 걸 알아챘단 말이다. 나는 이렇게 미안함을 닦고, 그리움도 밀어낸다. 덜어내도 깊어지는 것이, 문지르고 벗겨내도 자꾸 쌓이는 것이 있었지만 그나마 이게 내가 찾은 최선이었다.

쌀쌀한 늦가을의 문을 열고 나가면 노천탕에 뽀얗게 김이 오른다.

발가벗은 당신이 약한 어깨 위에 연거푸 물을 끼얹고 있다. 아이 뜨거워, 아이고 추워, 변덕을 부리면 나는 코를 찡긋하며 자꾸 물을 튕겼다. 안개 낀 하늘이 잠시 눈을 쏟는다. 단풍을 맴돌며 첫눈이 왔다. 가을과 겨울 사이 아직 이름 붙지 않은 계절이 있었다. 당신이 거기 서서 나를 보고 오래 웃었다.

乗車口案内 Train Information
号車
Car No.
先発
1st
号車
Car No.
次発
2nd

LONDON

꼴찌에서 네 번째 —— 마라토너

무용

——— (無用)

01

런던 템스강 변에는 미니기타 아저씨가 있다.

금요일 오전마다 강물수위가 가장 낮을 때 몇 시간 동안 기가 막힌 모래 소파를 만들고는 오후 내내 그 위에 앉아 설렁설렁 노래를 부른다. 저녁이 되면 이렇게 멋진 모래 소파는 강물에 잠겨 영영 사라져버린다.

아저씨는 일주일에 한 번씩
런던에서 가장 쓸모없고 가장 보람찬 소파를 만든다.

효율과 실용이 전부인 사람으로 살기에는
삶은 너무 무상하며, 그래서 찬란했다.

꼴찌에서

——— 네 번째 마라토너

02

남보다 늦을 수 있다. 심지어 멈추거나 뒷걸음질 칠 수도 있다. 속도는 사실 큰 문제가 아니다. 어쩌면 방향도 생각보다 중요하지 않을지 모른다. 길을 잃을 수 있고 사방을 헤맬 수도 있다. 다른 방향을 향해 나아가지만 커다란 원처럼 언젠가 만날지도 모른다. 그러면 결국 이보다 중요한 것은 어디에 도착해야 하는지를 잊지 않는 게 된다. 마침내 이르러야 하는 목적지까지 나로 도착하기가 된다.

많은 사람은 인생이 마라톤과 같다고 말했다. 하지만 아마도 그는 이렇게 대답하고 싶었을 것이다.

– 삶이 마라톤이라고 해서 모두 똑같은 옷을 입은 채 숨 가쁘게

목적지를 향해 달려야 하는 건 아니다. 이건 나의 마라톤, 그러니 온전히 나의 축제다.

브라이튼의 마라톤 대회. 선두 못지않은 시선을 끄는 꼴찌에서 네 번째 소년이 있었다. 온몸에 초록색 분장을 하고, 달리기를 하다말다 가끔씩 멈춰 춤도 춘다. 제멋대로 옷차림, 심지어 제멋대로 속도로 이런 큰 대회를 자기 파티쯤으로 만들어버린 괴짜.

그들은 쉽게 길을 잃는다. 자신에 대해 질문이 많기 때문이다. 그들은 끊임없이 삶의 방향을 의심하고 헤매기를 반복한다. 그들의 속도는 느리다. 그러나 분명한 게 하나 있다. 그 누구의 목적지가 아니라 자기 내면의 목적지를 결국 찾아내는 사람. 다른 방법과 속도의 마라톤이 가능하다고 증명하는 사람. 그는 언제나 그들 속에서 나온다.

BELLA
ITALIA
BELLA
ITALIA
BELLA
ITALIA

퀘스천마크

03

열심히 하면 언젠가 보상받을 거라고 속이지 말기.

더 크면 힘든 청춘의 의미를 이해하게 될 거라고 사기 치지 말기.

네 몫만 다하면 더 좋은 미래가 올 거라고 병신 만들지 말기.

일단 세상을 긍정적으로 보는 사람이 되라고 호구 삼지 말기.

삐딱한 사람이 돼라.

목적 없이 떠날 수 있는 사람이 돼라.

의심하고, 화내고, 세상 탓하는 사람이 돼라.

무모하고 무상한 것들에 애타는 사람이 돼라.

사람들이 던져 놓은 질문에 답을 찾아 너무 오래 헤매지 말기.

대신 그들에게 던지는 질문이 되기.

ONDO

PRIDE

(04)

맙소사, 머리에 무슨 짓을 한 거냐고 묻자
그녀가 능청스럽게 답한다.
도화지가 떨어져 버려서!

여름이 오면 전 유럽을 들썩이게 만드는 축제-
온몸에 무지개를 가득 채운 사람들이
지구에서 가장 발칙한 파티를 벌인다.

몇 시간 뒤 그녀를 무대 옆에서 다시 만났다.
약한 자들의 노래가 흘러나오고
그녀는 펑펑 울고 있었다.

저 스스로 사랑이면서
쉽게 사랑이라고 부르지도 못했던 사람들이
깃발마다 마침내 사랑을 걸고
길 위에서 주저 없이 사랑하는 저녁

봐라.

소호의 골목마다
함부로 발가벗고 저들이
꿈꾸며 울고 있다.

kipling
CAMPER
hoss
FURLA
Marble Arch

LOVE LATIN MUSIC
EXILIO
NIGHT
HIV: KNOW
STATUS

공원의 연인

05

런던은 공원이 많은 도시다. SOAS 대학 뒤편의 작은 공원에서 도시락을 먹다가 남부끄러운 줄 모르고 서로를 열심히 탐닉하는 한 쌍의 커플을 한참 보고 있다. 길고 깊은 키스 뒤에 여자가 남자에게 휴대폰에 담아둔 사진을 한 장 한 장 보여준다. 남자는 그녀의 이야기를 따라 웃고, 시무룩하고, 화났다가, 통쾌하다. 이제 남자는 알게 된다. 당신은 단 한 번도 외롭게 온 적이 없다는 것. 당신이 지나온 수많은 바람과 꽃과 밤과 별을 모두 데리고 온다는 것.

사람들의 마음에는 수백 개의 방이 있다. 방마다 또 수백 개의 서랍이 있고, 서랍마다 다시 수백 개의 이야기가 있다. 당신에게 간다는 건 내가 모르는 수만, 수억 개의 이야기들을 만나겠다는 말이다. 그중에 고작 조금을 보여줄 수 있는 당신과 그 조금의 아주 조금을 이해할 수 있는 나지만 수억 개의 탐험을 게을리하지 않겠다는 뜻이다. 적어도 그만큼의 용기는 갖겠다는 의미다.

남자는 때로 저 여자의 어두운 시절로 떠나게 된다. 어느 무모했던 봄과 수치스러운 여름, 혼자 붉던 가을, 끝없이 쏟아져 내리던 겨울까지. 따라 울다가 언젠가 조심조심 지워주고 싶다.

기필코 그녀를 사랑할 때는
모든 날과 모든 계절로 사랑하고 싶었다.

52605

열쇠 하나를 받아들고
——— 당신 집에 들었다

06

아무 때나 언제나 당신이 오고 싶을 때 와.

나는 사람에게 집 열쇠를 내주는 일이 사랑한다는 말보다 더 엄청난 일이라고 생각한다. 내가 있거나, 내가 없거나 당신을 차가운 문 앞에 혼자 우두커니 세워두는 일은 않겠다. 저 오래된 책상이나 냉장고 같은 것이래도 이 집의 무언가 당신을 기다리고 있겠다. 거리낌 없이 내게 들어오라, 나는 가득하게 당신을 맞겠다.

집 열쇠를 내주는 건 그런 일이다.

벽

07

저녁 늦게까지 맑은 햇살이 쨍쨍하게 쏟아지는 워털루 거리를 내다보는 중입니다. 반쯤 식은 차를 들고 아주 커다란 창을 통해서 말이죠. 한쪽 벽을 가득 채우고 있는 창이에요. 생각해보니 이렇게 큰 창의 방을 가져본 적은 한 번도 없는 것 같네요. 그래서 등받이가 있는 작고 편한 의자를 복도에서 몰래 가져다가 창문을 향하도록 두었어요. 이제 커다란 창문을 영화 스크린처럼 의자가 마주 보고 있는 거죠.

창문 너머로 펼쳐지는 것은 실은 아주 뻔한 풍경입니다. 가끔 술 취한 노인이 길가에 오줌을 누기도 해요. 한번은 크게 다투는 연인을 구경한 적도 있죠. 바람이 미친 듯 부는 날에는 거리에 나무들이 금세 뽑혀버릴 것처럼 흔들려요. 어느 날은 채 열다섯 살도 안

돼 보이는 둘이 격정적으로 키스하는 걸 훔쳐보면서 새삼 그 용기에 감탄하기도 했죠. 한쪽 벽을 가득 채운 커다란 창을 통해 세상이 다 내 방에 들어와요. 배경과 대상이 날마다 변하는 그림인 셈이네요.

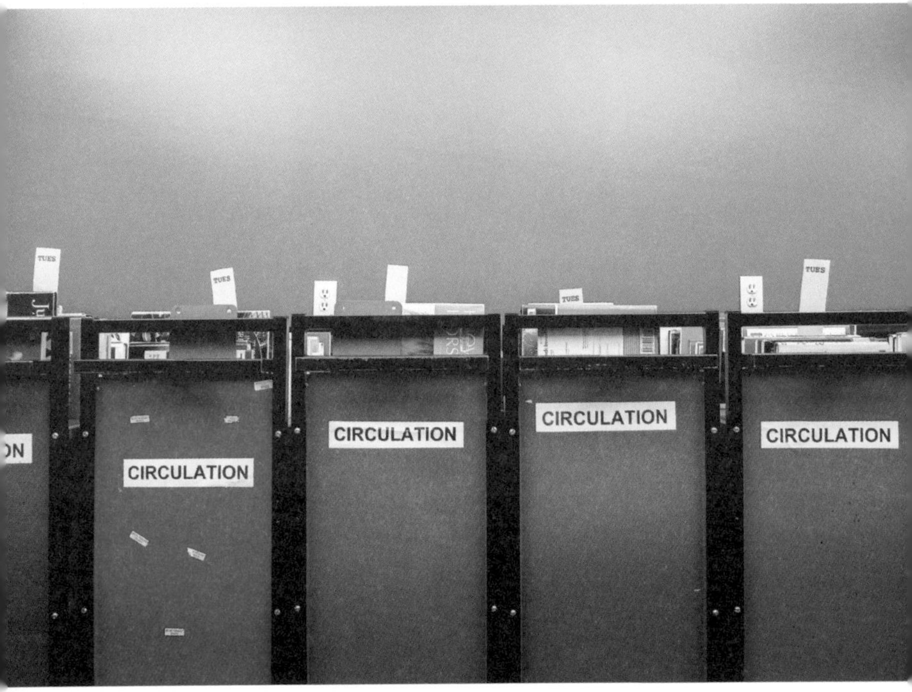

벽이 무엇으로 채워져 있는지는 실은 아주 중요한 문제에요. 사람들은 모르는 사이 벽을 통해 자신을 드러내는 법이거든요. 한쪽 벽을 가득 책으로 채운 사람은 분명히 그에 걸맞은 해박한 지식을 가졌을 테죠. 그렇지만 어쩌면 그는 조금 깐깐하고 다소 과시욕이 있을지도 몰라요. 반면 일부러 아무것도 채우지 않은 빈 벽을 좋아하는 사람도 있어요. 가벼운 결벽증 때문일 수도 있죠. 그런 벽을 볼 때면, 이 사람은 그렇지 않은 척해도 마음이 참 외로울지도 모르겠다고 생각해요. 꼭 그 벽은 언젠가 채워지기를 기다리는 것 같거든요. 사진으로 벽을 가득 채운 사람은 어떤가요? 분명 경험을 소중하게 생각하는 사람일 거예요. 그래서 항상 새로운 경험을 갈망하고 있을 테죠. 날마다 떠날 준비를 하고 있는지도 몰라요. 그래서 작별을 가슴에 담고 살아가는 그런 사람을 혹시 사랑하게 된다면, 그건 생각보다 쉽지 않은 일이 될 수 있으니 각오를 단단히 하는 게 좋아요.

언젠가 한쪽 벽 가득 커다란 고래 그림을 그려 넣은 사람의 방을 구경한 적이 있죠. 와, 하늘색으로 칠해진 벽을 대왕고래가 멋지게 유영하고 있었어요. 한동안 그 벽이 얼마나 부럽던지요. 그렇지만 어느 날 문득, 그런 벽을 갖는 건 두고두고 참 가슴 허전한 일이겠다고 생각했죠. 만약 그 벽을 내가 갖게 된다면, 일주일이 채 못 돼 마음 한 귀퉁이를 어디서 잃어버린 것 같을 거예요. 어쩌면 갈 수 없을지도 모르는 아주 먼 나라의 눈부신 해변을 컴퓨터 바탕화면에 깔아놓고 한동안 멍하게 바라보는 것처럼 말이죠. 그들은 먼 꿈으로 가득 차오른 심장을 가지고 살아가는 사람들이에요. 나는 고래의 벽을 가질 만큼 튼튼한 사람이 아니었던 거예요.

그러니 딱 이만큼. 내게 가장 어울리는 건 도시를 향해 나 있는 커다란 창문으로 가득 차 있는 벽이죠. 그리고 그 앞에 의자를 가져다 두고는 계절마다 창밖을 몰래 구경하는 거예요. 그러다 바람이 부는 날에는 성큼성큼 그 벽으로 걸어 들어갈지도 몰라요. 얼마나 좋을까요, 그렇게 세상 밖으로 나갈 수 있다면. 어느 날은 당신이 다녀갈지도 모르는 벽이죠. 어느 날은 저 밖에서 당신이 뽀얗게 입김을 불고 달이나 물고기를 그려 넣을지 모르는 벽이죠. 그때 제발 내가 눈치챌 수만 있다면, 그 벽은 참 절절한 벽일 거예요. 그 벽은 참 뜨거운 벽일 거예요.

오늘은 수국 두 다발을 든 노인이 느릿느릿 걸어가고 있어요. 아, 나는 자꾸 수국과 수국이 오늘 밤 손을 꼭 잡고 잠드는 풍경이 보여요.

Dulwich Library
12

IN CINEMAS
MARCH 30
SEE IT IN 3D
PERSEUS
Putney Common
Go-Ahead
WVL21

서커스매직

08

코벤트 가든의 사무엘 씨,
이십삼 년 작은 서커스단을 이끌며
방방곡곡을 다 떠돌아다녔다고 자랑을 한다.

고작 쌍팔년도 서커스 따위에 무슨 애착이 있어
그리 긴 세월을 보냈냐는 질문에

그의 나이 열 네 살
처음 서커스를 보고는 다시는 헤어 나올 수 없었다고
그의 인생이 통째로 변해버렸다고

그러니 사랑이란 꼭 서커스 같다.

그 사람 그 웃음을 단 한 번 보고는

다시는 그 전으로 돌아갈 수 없네.

방울방울

09

맑은 날이면 사우스뱅크에는 각양각색 예술가들이 넘쳐난다. 그중 최고 인기는 단연 비누 거품 쇼. 동네 꼬마들이 옷이 다 젖는 줄도 모르고 오후 내내 비눗방울을 따라 뛴다. 사랑이니 인생이니, 쓸데없는 것들을 소곤대지 않고도 아이들은 따뜻하고 안녕했다. 얼굴마다 동화를 쓰고 있다.

불행 앞에서도 흔들림 없는 강한 사람들 사이에 한 가지 공통점이 있다고 긍정심리학에서는 말한다. 그것은 어린 시절 사랑받았던 기억을 소중히 간직하고 있는 것. 그래서 자신이 사랑받던 사람임을 잊지 않는 것. 비눗방울 속으로 폴짝폴짝 뛰어들어가던 시간은 이제 곧 추억 한 켠으로 사라져버려도 꼬마들에게 짐작할 수도 없는 힘이 될 것이다. 목적 없는 놀이는 그렇게 한 사람의 뿌리가 되

는 법이다. 녀석들은 살면서 수많은 불행을 만나게 된다. 그러나 마침내 기억해내고 만다. 그 자신이 곧 사랑이었다는 것을.

나는 행복을 모른다. 다만, 행복이라는 게 결핍의 충족이나 불행의 제거 같은 건 아니라는 정도는 이제 이해할 것 같다. 모두 부러워할 만한 행운으로 꽉 채워진 선물상자 같은 건 더더욱 아니라는 점도. 불행을 찾아 떠나는 여행자는 없다. 그렇다고 반듯한 행복을 찾아 돌아온 여행자도 아직 보지 못했다. 우리는 수백, 수천 가지 행복의 조각 중에 겨우 몇 가지 단서들을 길 위에서 운 좋게 발견할 수 있을 뿐이다.

오늘은 아주 운이 좋은 날이다.

약한 자들의
——— 소란

10

얼마 전 아주 유명한 래퍼가 토크쇼 방송프로그램에 나와 자신이 얼마나 돈이 많은지 자랑했다. 그런데 자신이 돈을 자랑하는 건 실은 다른 뜻이 있어서라고 말했다. 그는 몹시 가난하고 힘든 어린 시절을 보냈다. 하지만 결국 이뤄낸 자신의 성공을 보며 사람들이 절망하지 말고 그들도 성공할 수 있다는 걸 믿고 꿈꾸길 바라기 때문이란다. 그 말을 곱씹는데 갑자기 화가 치밀어 올랐다. 날마다 몸과 정신을 발라 꿈을 먹여 살리고 있는 사람들 앞에 한 치라도 그의 부끄러움 같은 걸 기대했던가 보다.

최근 잘나가는 스타트업 창업가들에게 조명을 비추는 일부 매체의 서사는 이렇다. 대기업을 다니다 자신만의 꿈을 찾아 박차고 나온 누구, XX 억대 스타트업을 일구다. 이 접근은 노골적으로 경제적

Portobello
Crêpes

성공만을 전면에 배치한다. 잘라 말하면 원래 연봉 5,000이었는데 지금은 이만큼 더 버는 기업가가 됐으니 참 대단하지 않니? 뭐 이런 기사다. 더 큰 경제적 성공이나 성과가 정말 그들 스토리의 대부분이라면 그 중간에 전형적인 위기극복의 감동 코드가 등장한대도 대체 뭐가 새롭다는 건지 이해하지 못하겠다.

누구나 돈 더 벌고 싶다. 안 그런 사람이 세상에 어딨나. 하지만 이런 스토리는 결국 공동체의 롤모델을 세우는 데 기능하게 되는데, 소위 경제적으로 성공한 사람들의 경제적 성취 이야기를 발광하듯 조명하는 건 너무 저급하고 몰염치하지 않는가.

어느 영화제 시상식을 보고 있다. 무대 위에는 한 번도 시상식에 초대받지 못했던, 단역밖에 맡을 수 없었던, 누구에게도 아직 이름을 알리지 못한 수십 명의 배우가 다 함께 노래를 부르고 있다. 이들의 합창은 어쩌면 그때 그 래퍼 반대편의 목소리일지 모르겠다. '나도 당신처럼 되고 싶어요'가 아니라, 여기 조금도 모자라거나 부끄럽지 않은 꿈과 연습, 노동을 가진 우리들도 있다고. 카메라는 중간중간 그 노래를 들으며 눈물을 글썽이는 유명 배우들의 얼굴을 비췄다. 이 무대의 연출 의도가 무엇인지 정확히는 모르겠지만, 어쨌든 저 아래 화려한 주연들을 위한 축하 무대만큼은 아니었으면 좋겠다. 무대 위 배우들의 엄격한 외침이고, 요구이고, 선언이면 좋겠다.

오후청년

(11)

그 남자 바람에 취해 세상모르고 낮잠을 자고 있다. 커다란 배낭을 들고 바다 끝으로 가는 꿈을 꾸는 중이다. 햇빛과 바람을 다 들이느라 남자는 게으르고, 청춘의 오후는 제멋대로 놓였다. 어떤 사람은 산처럼 흔들림 없는 삶을 통해 자신을 확인하고, 다른 사람은 물 같이 평생을 헤매며 자기를 갖는다. 어떤 길을 걷게 될지, 어떤 숲을 헤맬지, 어떤 바다를 떠돌지 알 수 없지만. 어떤 인생을 살고 싶은지, 또 어떤 세상을 만들고 싶은지 역시 그는 아직 모르지만. 부디 그 삶이 너무 힘껏 살지 않아도 되는 인생이면 그는 좋겠다. 무언가를 죽을 것처럼 바라지 않아도 충분히 안녕하게 살 수 있을 만큼의, 딱 그만큼의 삶이었으면. 그 삶이 놓인 세상이면 더할 나위 없겠다.

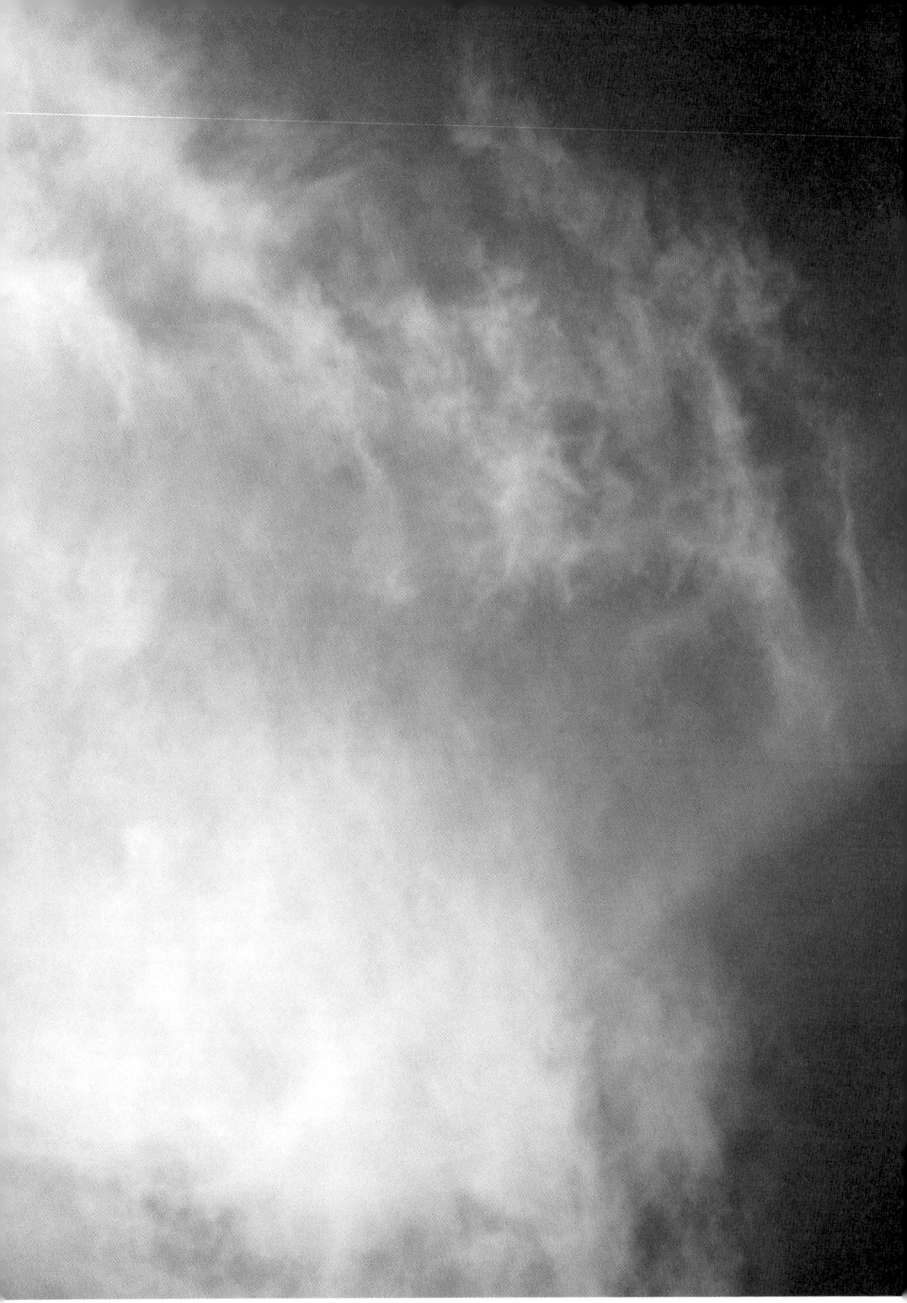

SYDNEY

천 개의 —— 방

경계에서

01

비행기가 한창 날아가고 있다. 한 세상과 다른 세상의 경계가 무너지는 하늘이다. 한 시간 선과 다른 시간 선이 흐트러지는 하늘이다. 제이슨 라이트먼의 영화 〈인 디 에어〉에서 라이언의 사랑은 공항에서 시작된다. 알랭 드 보통의 책《왜 나는 너를 사랑하는가》에서 역시 주인공은 클로이를 비행기에서 만나 사랑에 빠졌다. 하나의 세계에서 다른 세계로 넘어가는 사람들의 대기실. 시간의 붕괴가 사람들 사이에 자꾸 틈을 만든다. 때론 한껏 잊었던 이들이 쭈뼛쭈뼛 말을 걸어오는 틈이기도 하다.

그녀가 창밖을 한참 바라본다. 나는 그녀의 손을 만지작거린다. 한 번쯤은 사랑했을 다른 남자가, 이루지 못하고 내게 미뤄놓은 꿈 몇 개가, 절박하게 맹세하고 지금에 와 지키지 못한 무슨 약속이, 저

한정 없는 선 위를 지났을까. 그래도 무엇 하나 물을 게 없어서 가만히 고개를 가져다 당신 어깨 위에 얹었다. 한껏 잊은 기억을 불러들이는 고요. 구름의 사막이었다. 여기는 모든 지나온 것과 지나는 것과 지나갈 것이 서로의 방향을 향해 살아가다가 삶의 경계와 경계에서 살짝 마주치는 곳이다. 이곳은 그러하다.

서핑
——— 좋아하세요?

(02)

서퍼들의 천국 호주의 본다이 비치. 본다이의 어원은 바위에 부서지는 파도라는 뜻이다. 오늘도 저 파도를 즐기러 수백 명의 청춘이 몰려들었다.

소년이 물었다.

서핑 잘하는 비밀 알려줄까요?

뭔가 기가 막힌 방법이 있나 싶어 귀 기울인다.

그건 바로 파도와 춤을 추는 거예요.
매일매일 그 춤에 온몸을 내주는 거예요.

이거 딱 한 가지밖에 없죠.

소년의 단단한 등을 보며 비로소 이해한다. 머리도 아니고, 가슴도 아니고, 몸을 다 던져 통째로 춤추는 것.

그것이 파도를 자기 안에 들이는 최초의 기술이다.

싸움구경

03

카페에 앉아 사람들을 구경하다 보면 때로 그들의 다툼을 목격한다. 달링하버 카페에 앉아 조용히 차를 마시고 있는데 옆 테이블에서 작은 소란이 일었다. 처음에는 뭐 저렇게 주변 사람들 신경 안 쓰고 크게 대화를 나누나 싶었는데, 잠시 지켜보니 두 여자 사이 싸움이 나는 상황이었다.

한 여자가 얼굴을 붉히며 심각한 표정과 요란한 몸짓으로 맞은 편 여자를 쏘아붙이고 있다. 당하는 여자는 별 대꾸 없이 고개를 푹 숙이고. 둘 사이에 나이 차이는 거의 나지 않아 보였다. 아무리 귀를 기울여도 정확히 어떤 사연인지 파악하기 어렵다. 여자의 남편이 맞은편 여자와 바람이 난 지도 모르겠다. 아니면 둘은 친구 사이인데 하나가 약속을 깜빡 잊고 몇 시간이 지나서야 나타났을지도. 어쩌면 연인일까. 함께 살며 오래 참던 분노를 성격이 불같은 그녀가 기어이 쏟아내고 있는지도 모른다.

둘 사이 한참 실랑이가 오갔고, 워낙 큰 소리라 주변 테이블 어디라도 조금만 귀를 기울이면 무슨 일인지 알 수 있었다. 하지만 거친 호주 발음에 당사자가 감정적으로 격해있어 나만 혼자 아무것도 파악하지 못한 채 그저 껍데기로 듣고만 있다. 그러다가 저이들 말을 다 아는 이 나라 사람이래도, 그래서 지금 어떤 대화가 오가는지 전부 이해할 수 있는 이들이래도, 어찌 두 사람 사이 마음의 일까지 알까 싶었다. 어차피 가장 깊은 사연은 다 짐작 못할 일이다, 하고 말았다.

나는 당신의 분노를 목격한다. 우리가 같은 언어를 쓰는 것과 상관없이, 마치 전혀 모르는 다른 나라의 말 앞에 있는 것처럼 당신의 말을, 감정을 낯설게 바라본다. 대체 무엇이 당신의 고요를 그렇게 헤집어 놓았을까. 무슨 말인지 알 것 같아. 나는 이렇게 답하고 말지만 어디까지나 당신을 위로하고 싶은 조급함에 나온 거짓말이다. 지금 당신의 입에 담긴 그 단어들 말고, 그보다 훨씬 깊고 은밀한 곳에 진짜가 무엇인지 도무지 이해할 수 없다.

백 번쯤 천 번쯤 당신의 말을 배우고 싶었다. 그러다가 이 바람이 아무리 깊어도 당신의 언어를 배울 수 없다는 것을 알았다. 당신이 내 말을 알 수 없고, 그 누구라도 서로의 가장 깊은 언어 앞에 낯선 것을 알았다. 그제야 생각하게 됐다. 사람과 사람의 감정 사이에 통역기 같은 게 있을 리가. 오직 지난 경험과 지금의 마음으로, 당신을 향한 깊은 갈증으로 그저 상상할 수 있을 뿐이다.

그러니 부디 당신의 실재에 가장 가깝게 상상하는 것. 딱 거기까지가 내가 다할 수 있는 최선이다. 우리는 모두 다른 말을 쓰며 산다. 당신의 문법과 낱말 앞에 유창해지고 싶지만 그럴 수 없다. 대신 간절하게 상상하고, 당신이 뱉은 소리를 조심조심 되짚으며 하염없이 연습할 뿐이다. 당신이 꺼내놓은 말들을 한참 들여다본다.

JIM BEA

비늘 아래
——— 숨어있다가

04

불꽃놀이를 구경하다가 돌아왔습니다. 남자와 여자가 서로 어깨를 나란히 붙이고 불꽃마다 손짓을 보탭니다. 그러다가 남자가 여자에게 머리를 기댑니다. 여자는 오른손으로 남자의 어깨를 감싸다가 귓불을 가지고 톡톡 장난을 칩니다. 뭐, 특별할 것이 없는 장면이죠. 아무것도 아닙니다. 남자는 다만 그날 당신의 어깨가 불꽃만큼 따뜻하고 좋았다고, 당신 손장난에 온몸 솜털이 찰랑찰랑하더라고 혼자 기억하고 말겠지요.

이혼하고, 두 번째로 동거를 시작했던 친구가 다시 헤어졌다는 소식을 전했습니다. 그러며 이번에 헤어질 때 가장 힘든 게 무엇이었는지 아느냐고 묻더군요. 생활을 다 잡아 삼킬 정도로 슬픈 패배감이나 몇 끼를 굶어도 배고픈 줄 모르는 그리움 같은 게 아니겠냐고

답했지요. 그녀는 웃더군요. 그러며 이렇게 말했습니다. 날마다 그이가 버려주던 쓰레기통이 비워지지 못하고 가득 찬 걸 보는 일이야. 흐으응흐으응 밤새 파고드는 그이의 잠꼬대가 들리지 않아서 시계가 초침을 미는 소리가 너무 잘 들리는 거야. 그 말에 나는 까마득해지고 말았습니다.

당신을 버리고 싶을 때마다, 차라리 버려지고 싶을 때마다 보잘것없는 것들이 나를 잡았습니다. 고작 먼지 같은 일들. 언젠가 새벽에 닿는 밤 내 이마에 복자기 빛이 도는 그 입술을 포갠 채 몇 시간을 잠들었던 일. 겨우 그런 일들. 무언가를 속삭이려고 얼굴을 가

져갔는데 당신이 저 혼자 눈 감으며 입술을 내밀다가 두 볼 붉혔던 일. 고작 그런 아무것도 아닌 일들. 어느 순간 우리가 누구의 잘못 없이도 희미해지면, 결국 당신과 나를 지켜내는 건, 아니면 기어이 뒤흔들어놓고 마는 건 조금도 대단할 게 없었던, 바로 그 사랑의 비늘들입니다.

가끔은 같이 살고 싶은 것인지, 함께 죽고 싶은 것인지 헷갈릴 때가 있습니다. 당신을 지키고 싶은 것인지, 죽이고 싶은 것인지, 아니면 나를 그러고 싶은 것인지 알 수 없는 밤입니다. 뿌연 것들 저 너머에 웅크리고 앉아 당신이 또각또각 손톱을 깎는 소리가 들렸습니다.

시드니
——— 소녀

(05)

저런 뒷모습은 사랑받지 못했거나, 자신이 사랑받지 못한다고 믿고 있는 사람만이 가질 수 있다. 시드니에서 만난 소녀를 그녀 모르게 바라보았다. 여행자는 아닐 것이다. 몸을 바위틈 사이에 구겨 넣고 물풀처럼 누워 바다를 목적 없이 보고 있다. 십 분이 흐르고 다시 삼십 분이 흘렀다. 소녀의 얼굴을 확인하고 싶었지만, 저 뒷모습이 이미 다 슬퍼서 차마 들여다볼 수 없다. 그녀의 강아지들만 어쩔 줄 몰라 끙끙거렸다. 간혹 어깨가 들썩였다. 그녀가 울었는지, 나 혼자만의 착각인지 알 수 없다.

그런 이기심이 있었다. 오로지 완전하게 사랑받고 싶은 욕망. 그게 꿈이든, 그리운 소년이든, 아니면 심지어 그 자신이었다고 해도 죽도록 사랑받고 싶었다. 때로 숨을 내뱉듯 허튼일이기도 했고, 내가 가진 것과 갖지 못한 것까지 다 걸고 싶을 만큼 압도적이기도 했다. 세상의 모든 길을 전부 가본 것처럼 나를 채웠다가, 단숨에 그 끝에 버려진 것 같은 통증이었다. 오직 사랑받고 싶었다.

소녀는 한참이 지나서야 한기를 느끼고 바위를 벗어났다. 빨갛게 충혈된 눈을 핥아주고 싶었지만, 그러기에 우리는 너무 이기적이었다.

새벽마다

——— 이름만 데리고 잤다

06

밤마다 축축한 이름 세 글자
너 대신 돌아와 함께 잔다.

흐려지는 밤 위로
소나기가, 눈보라가 지났다.

왜 이렇게 애타고 서러운 음절들로
너는 이름을 지었는가.

결국 갖지 못한 맑고 아름다운 폐허야.
폐허로 지은 이름아.

나는 자꾸 이곳에 돌아오지 말고

그 이름에 들어가 살고 싶다.

Campbell's
CACTUS

부재중

(07)

발신자 번호 표시 기능이 있기 전에는
너 아닌 것 알고도 심장 뜨거워져
통화 버튼을 한 번에 다 누르지 못하고
두고두고 가슴을 쓸어내렸지.

이제는 오래 못 본 사람들이 애틋하게 소식을 전해도
실수도 없이 꼭꼭 너 아닌 걸 일러주는 게 미워서
시끄럽게 벨 소리를 토해도
나는 전화를 받지 않았다.

그녀와 나와
——— 아이스크림

08

– 나, 저거 사줘.

그녀가 내 소매를 잡아당기며 저쪽을 가리켰다. 손가락 끝에 짠-하고 총천연색 아이스크림 트럭 한 대가 빛났다. 그녀의 손을 잡고 꼬맹이들 사이에 줄을 섰다. 앞에 있던 녀석이 뭐가 그리 재미있는지, 우리들 손깍지를 보고는 푸핫- 웃음을 터뜨렸다. 깍지를 빼려는 그녀 손을 나는 더 세게 쥐었다.

– 제일 큰 거로 토핑은 모두 다 얹어서 주세요!

점원이 바삭바삭한 와플 콘 위로 어른 주먹 두 개는 족히 넘을법한 아이스크림 덩어리를 턱-하고 올렸다. 그리고 한가운데 쿡-기다

HURR

란 초콜릿 과자가 박힌다. 한 번 더 초콜릿 통에 푹 담갔다가 마지막으로 땅콩 조각이 잔뜩 담긴 쟁반 위를 휘리릭-휘리릭 두 바퀴 굴리면 드디어 완성.

아이스크림을 건네받은 그녀가 웃는다. 우리는 동시에 입을 크게 벌리고 아이스크림을 한 입 베어 물었다. 그녀 입술에 남은 새하얀 크림 자국. 이런 거 묻히는 건 또 어디서 배웠대? 핀잔하며 엄지손가락으로 입을 쓰읏- 닦아주니 그녀가 씨익-하고 또 웃는다.

낯선 거리, 아무렇게나 놓인 노점에서 우리가 사 먹는 게 군음식만은 아니었다. 수줍은 마음 한 잔 주문한다. 말 없는 고백 한 입 베어 문다. 오래오래 그녀 입술을 닦아 준 손끝에서 바닐라 맛이 났다.

WESTERN CANADA

오직 —— 한 사람을 위한 여행

진짜 이유

(01)

보통의 경우 사람들은
자신의 깊이에 걸맞은 사랑을 한다.

너에게 가까이 갈수록
나는 더 외로운 사람이 되었다.

너의 잘못이 아니다.
나의 탓이었다.

몇 가지
——— 고백

02

지하철역에 들어서며 누군가 부르는 노랫소리를 듣고 멈춰 섰다. 열차가 지나면 파르르 흔들리다가도 어김없이 어떤 음악적 좌표에 정확히 복귀하는 목소리가 있었다. 소리의 방향을 따라 걸었다. 검은 모자를 쓰고 수염을 딱 반쯤 깎은 남자가 고작 두 명의 관객을 위해 뜨겁게 노래하고 있었다. 그중에 한 명이 허무하게 떠났다. 그래도 가수의 목소리는 흔들림이 없다. 나는 저 사내가 질투나 견딜 수가 없었다. 길을 잃어버렸다.

그 날 집으로 돌아와 읽은 산문에는 가짜 여행자의 여행은 결핍으로 병적이다, 라고 적혀 있었다. 자신을 믿지 못하고 두려워하며, 다른 사람들 앞에 보이는 자신이 절박하고, 그 스스로가 아니라 다른 의지로 떠나거나 돌아오는 모든 사람은 가짜의 여행자인가. 정

KIN'S PROMOTION
LOCAL GINGER GOLD APPLE
LOCAL/NEW CROP
$ 1.49 LB
$ 3.26 /kg
We Sell Freshness !

신적 목마름이 그들 여행의 진짜 원료라면 나는 그들이 언젠가 고백해야 한다고 생각했다.

글을 쓰는 마음은 복수심 때문이라고 어느 평론가가 말했다. 장황한 기대를 채울 수 없는 내면과 외부에 대한 복수가 그의 문장의 원동력이었다. 그가 절필하고 치료받기를 바라야 하는지, 그 착란 상태를 오래 이어 더 짙은 평론을 내놓으시라고 희망해야 하는지 도무지 알 길이 없었다. 그러나 적어도, 그의 고백이 함부로 추락하지 않고 자신이 지향하는 글의 덕목에 더 가까이 가려는 시도라고 믿고 싶었다.

그 뒤로도 오래 여행을 하고, 오래 일기를 끄적거리고, 오래 의심하고, 오래 무력했다. 그런데도 한참이 필요하고, 모든 나에게서 한참이 멀었다. 고백해야 한다. 온통 꽃 같은 이야기를 가져다 여행을 치장하느라 정말 가슴에 있던 말들을 꺼내놓지 못했다. 나는 알고 있다. 내일에 대한 공포, 가족에 대한 연민, 나에 대한 실망. 그래서 미안하다, 두렵다, 모르겠다는 말. 풍족한 여행을 한 것처럼 여행 이야기를 그럴싸하게 써서 커피도 마시고, 밥도 사 먹고, 비행기도 탔다. 그러나 맹세코 진짜 여행자는 된 적 없었다. 그게 뭔지도 몰랐다. 이게 진짜다.

W Georgia St
POWER OFF
W Georgia St
EXCEPT BUSES
EXCEPT BUSES
Pacific Centr

형은
——— 달아나고 있었다

03

– 너무 지긋지긋해서, 한국.

형은 그러더니 미국으로 떠나버렸다. 세상에 무슨 이민을 그렇게 쉽게 하는가. 언젠가 편지에 형은 LA에서 페인트칠하는 일을 한다고 했다. 그다음 번 편지엔 할리우드에서 청소하는 일을 하고 있단다. 그때 나는 너무 어렸고 아직 여행이란 걸 해본 적이 거의 없을 때여서 바보처럼 LA와 할리우드가 따로 떨어져 있는 줄만 알았다. 그래서 속으로, 아, 이 형은 어쩌면 이민을 간 것이 아닐지도 몰라. 한국 어디에 숨어 살고 있으면서 미국에 있다고 허세를 부리는 것일지 몰라, 했다.

한참 전 미국에 잠깐 들어갔을 때 형을 만났다. 아주 오랫동안 쓰지 않던 이메일 주소로, 저 미국에 왔습니다, 하고 연락처와 함께 메일을 보냈더니 이틀이 지나 전화가 왔다. 나는 이미 동행이던 사람들과 샴페인을 몇 병이나 마셔 취해있었는데. 그래도 다음 날 중미로 떠날 계획이라고 했더니 그 새벽에 형은 차를 끌고 왔다.

그 밤, 술에 취해 있어서 무슨 말을 했는지 생각이 잘 나지 않지만, 형의 허세만큼은 똑똑히 기억한다. 그는 아주 좋은 차를 타고 와서는, 나와 일행까지 모두 데리고 할리우드에서 꽤 비싸다는 바에 갔다. 이런저런 좋은 요리와 술을 시켰다. 그리고는 자신이 얼마나 잘살고 있는지 설명하는 데 쉼이 없었다. 어떻게 해서든 자신을 증명하려는 사람 같았다. 자신이 얼마나 외롭지 않은지 보여주려고 안간힘을 쓰고 있는 듯도 했다. 그가 외로운 사람인 걸 내가 너무 많이 아는 탓에, 그는 내가 잘못 알고 있는 것이라고, 기억을 고쳐주려는 사람 같았다.

십칠 년 전이었던 것 같다. 술을 한잔 나눠 마시고 돌아오는 길에 발목을 다쳐 형의 등에 업혔던 일이 있었다. 둘 다 가난한 학생이어서, 술을 마시느라 돈을 다 써버린 탓에 택시를 탈 천 원 한 장도 남아 있지 않던 주머니. 그 밤에 다 큰 남자가 다른 남자 등에 업혀 간다는 게 남들 창피하면서도 어쩐지 한참 따뜻하고 좋았다. 술기

운에 볼이 다 발갛게 달아오른 채로, 상대가 듣든 듣지 않든, 다음 날 기억할 필요도 없는 별 의미 없는 이야기를 털어놓으면서.

그때 형은 도망가는 것이 꿈인 사람이었다. 자신이 다니던 학교도 창피해서 남들에게 잘 얘기해주지 않는 사람이었다. 자신이 가난한 것도 몹시 부끄러워하는 사람. 그래서 성공이 뭔지도 모르면서 성공에 죽을 듯 목이 마른 사람이었다. 그러면서도 조그마한 스쿠터를 타고 싸구려 선글라스를 하나 끼고 가까운 강으로 산책하러 나가면 하루가 가득 차는 소박한 사람. 다리가 아픈 동생을 삼십 분이고 한 시간이고 업어줄 수 있는 사람. 길가에 동전을 구걸하는 이라도 있으면 백 원짜리 하나라도 건네줘야 가던 길을 갈 수 있는 종류의 사람.

술을 다 마시고 반쯤 정신을 놓고 숙소로 돌아오면서, 형 참 보기 좋네요, 하고 말을 던졌다. 당신 꿈이 뭔지 모르겠지만 어쨌든 당신은 그 꿈에 가까이 가고 있다고 믿으니 보기 좋다는 말이기도 했다. 예전에 가난하고 소박하던 당신을 다 기억하지만, 그건 실은 당신이 그렇게도 도망치고 싶었던 자신이었으니, 지금은 꽤 도망쳐온 듯한 당신이 보기 좋다는 말이기도 했다. 그런데, 참 가난하고 이런저런 자격지심이 많고, 그러면서도 내게는 속을 훤히 다 들켜버리던, 조금 비었던 그때 그 형이 꽤나 그립다는 말이기도 했다.

산책이라도 다녀올 생각으로 옷을 다 챙겨 입고 나갔다가 갑자기 마음이 변해버려 그냥 돌아왔다. 차가운 물에 세수하고 나니 저 건너 거울에 비치는 얼굴이 있었다. 가난하고 약하고 외롭던 자신에게서 몹시 도망치고 싶어 했던 형이 따라 떠오른다. 그에게 묻고 싶은 것이 있다. 한참 먼 곳에 오고 나서도 나는, 아무리 멀리 도망쳐도 저 자신의 무게만큼은 어쩌지 못한다는 걸 배우는 중인데. 당신은 어떨까, 저 혼자 초라했던 자신에게서, 내가 보고 싶은 그 형에게서 여전히 잘 도망치고 있는가.

CRY-BABY
THE MUSICAL
ALL TICKETS $14
FOOTNOTE THEATRE IN ASSOCIATION WITH TARA ARTS PRESENTS
AN ARRANGEMENT OF SHOES ON TOUR
HAVANA THEATRE
1212 COMMERCIAL DRIVE
KURT VONNEGUT'S
THE EUPHIO QUESTION
PLAYING AT HAVANA THEATRE
1212 COMMERCIAL DRIVE
IF YOU COULD DOWNLOAD HAPPINESS USING AN APP, WOULD YOU DO IT? SHOULD YOU?
FIN
Ain't True & Uncle False
Tall-Tale Comedy
FRINGE
AFFAIR OF HONOR
SOUL SAMURAI
SZERETLEK:
A Hungarian Love Story
VANCOUVER FRINGE FESTIVAL
ALTERNATE ENDINGS
$14
OBIT
a deathly serious comedy
Edmonton Journal, Winnipeg Free Press & CBC
THE INVENTOR OF ALL THINGS
BY JEM ROLLS
THE TRUE STORY OF LEO SZILARD THE JEWISH HUNGARIAN WHO WRECKED THE NAZI BOMB
Carousel Theatre
PERISCOPE

THE ADVENTURES OF
ROCKETMAN AND BEANO
EPIC SUPERHEROES
EPIC ENEMY
FALSE CREEK GYM
1318 Cartwright St
slumber here
MARYLEE STEPHENSON IS
TIGHTROPE TALKING
Directed by David C. Jones
STUDIO 16
CHRIS & TRAVIS
I AM FOR YOU
GRACELESS GRACE
YOU SHOULD ALWAYS FOLLOW YOUR DREAMS, YOU SHOULD ALSO HAVE A PLAN B
Andy Cañete
the Cañete Chronicles
FACEBOOK.COM/ANDYCANETECOMEDIAN
COMEDY
FRINGE
Lost & Found Puppet Co. presents
BEAVER DREAMS
LA FIÈVRE DU CASTOR
RIVER BLUES
HAVANA Theatre
HELP!!! I'M AMERICAN
TIMES COLONIST
Irish Tales of the Supernatural

단 한 번도
——— 그런 적 없다

04

사랑을 하면서
나는 단 한 번도
최선을 다해
사랑한 적이 없다.

너를 기다리다가
마포대교를
서너 번 오간 적은 있다.

그러다가 공덕역에서
만주 빵을 파는 노인과
농담을 주고받고

논 적은 있다.

아직도 네 소식 없이 바람만 불어서
모텔에 들러 마른 옷을 걸어두고
운 적은 있다.

그래도 단 한 번
최선을 다해
사랑한 적이 없다.

어느 날 나는
결국 당신이 아니라는 걸 뉘우쳤고
결국 당신이라는 것도 뉘우쳤고

그로 인해 당신이
무덤이 될 거라는 것도 알게 된다.

검은 새들에게 날아가
말해주고 싶다.

아무리 해도

최선을 다할 수 없으므로

사랑이었다.

Haro St.

누구나
——— 잃어버린단다

05

나는 울음이 많은 아이였다. 동네 친구들이 저녁을 먹으러 자기 집으로 돌아가면 회사에서 야근을 하는 엄마가 보고 싶어서 울고, 사촌 형의 장난감을 몰래 가지고 놀다가 다리가 댕강 부러지면 또 아앙-하고 울었다.

수영장에서 샤워하고 나와서 옷을 갈아입으려는 데 아까 사우나에서 옆에 앉아있던 꼬마 하나가 한참 동안 제 옷장을 만지작거리고만 있다. 무슨 일일까? 열쇠 어디가 잘못됐는지 옷장 문이 열리지 않자 우아아앙 하면서 이 녀석이 금세 울음을 터트린다. 카운터를 보고 있던 건장한 체구의 청년이 와서 일단 아이를 달랜다. 그리고 이리저리 달그락거리자 조금 후에 끼익- 하고 열리는 옷장. 그런데, 이런! 다른 사람의 것이다.

어수룩한 이 녀석은 자기가 어디에 옷을 넣어 두었는지 까맣게 잊어버렸다. 다시 수도꼭지를 틀어놓은 것처럼 쩌렁쩌렁 탈의실이 떠나가라 눈물을 쏟기 시작한다. 청년은 더 안 되겠던지 꼬마를 번쩍 안아 탈의실 안쪽의 다른 방으로 데려간다. 사실 똑같이 생긴 열쇠들. 번호도 없는 철제 옷장. 정말 그럴 만도 했다.

밖에 나와 식당에서 샌드위치를 먹고 있으려니 아까 그 꼬마가 다시 등장한다. 그런데 이번에는 이 녀석, 입에 커다란 아이스크림을 하나 물고 엄마 손을 꼭 잡고 뭐가 그리 신나는지 아주 싱글벙글 웃고 있다. 나도 피식 따라 웃는다. 그럴 줄 알았다, 금방 네 옷장을 찾을 줄. 그러면 옷장 잃어버린 일쯤은 까맣게 잊고 맛있게 콜라를 마시고 저녁밥을 먹을 줄.

녀석에게 이 말을 들려주고 싶었다. 앞으로 네가 자라는 동안 아주 많이 네 옷장이 잠길 거라는 말. 그 옷장이 수백 번은 잠겼다가 열렸다가, 잠겼다가 열렸다가 그럴 거라고. 아무리 열쇠를 찾아도 어디서 잃어버렸는지 까마득히 생각 안 날 때도 참 많을 거라고. 망연히 그 앞에서 무엇 하나 제대로 하지 못하고 두 눈 그렁그렁 눈물 고일 거라고. 그래도 소년아. 너무 많이 울거나 서러워할 필요는 없다.

세상에 누구나 열쇠를 잃어버린단다.

어른들도 모두 열쇠를 잃어버린다.

분수

06

밴쿠버 스탠리파크 뒤쪽에는 태평양이 아련하게 내려다보이는 곳에 작은 분수공원이 있다. 맑은 날이면 어김없이 아이들의 독차지가 된다. 소년들이, 소녀들이 서로에게 물방울을 던지며 뜀박질을 한다. 빈틈없이 빛난다. 행복이 무엇이냐고, 사랑이 무엇이냐고 의심하는 사람들은 이곳에 오면 된다.

물방울이 쏟아질 때마다
아이들의 날개에선 음악 소리가 났다.

모두가 모든 시간에 춤추며 웃는다.

너는

——— 맞다

(07)

발가숭이 두 개의 몸이 나란히 누워 노랗고 바삭한 하늘을 올려다보다가. 한 몸이 다른 한 몸에 말한다, 거봐 내 말이 맞지. 다른 수줍은 몸은 그게 무슨 뜻인지도 모르면서 가만히 고개를 끄덕인다. 네 말을 이해하는 것보다 더 중요한 건 오로지 네 편으로 곁에 있는 것이기 때문이다. 빛이 팽창하는 것인지 알 수 없지만 이때가 틀림없이 아침이라고 믿고 싶다. 잠자리를 마치고, 어색한 고요도 끝내고, 나른한 몸으로 맞이하는 아침이라면 더할 나위 없겠다. 작은 배에 손을 얹고, 나고 드는 호흡을 따라 천천히. 마치 두근두근 맥박에 얹힌 사람처럼 밤새 그이의 숨을 타고 사막과 숲을 여행하고 돌아오면 아침의 어망마다 사랑이니 행복이니 걸려있다. 나는 이제 아무 곳도 닿지 않고, 아무것도 되지 않고 싶다.

그래, 너의 모든 말은 맞다.

잉글리시 ——— 베이에서

08

고작 몇 주지만 이곳에서 나는 열두 시에 잠을 자고 아홉시에 눈을 뜬다. 매일 아침 면도도 하고 강아지들을 데리고 산책하러 간다. 정오가 다되어 집을 나섰다가 오후에는 도시 여기저기를 천천히 걷고 돌아와 짧은 일기를 쓴다. 온종일 찍은 사진이라곤 고작 열 몇 장을 넘지 않는다. 잠시 신세를 지고 있는 옛 룸메이트는 이제는 밴쿠버가 한참 변해버려 예전에 그곳이 아니라고 말했다. 하지만 내게는 그 한참이 무색하게 여전히 느리고 고요했다.

세상에 오직 한 곳만 갈 수 있다면 거기가 밴쿠버의 잉글리시 베이여야 한다고 생각했다. 누군가와 결혼을 한다면 그곳도 잉글리시 베이면 좋겠다고 생각했다. 아이의 손을 잡고 아주 긴 소풍을 간다면 그 역시 잉글리시 베이였으면. 날이 맑아 가지런한 거리를 느릿

느릿 걷다 보면 느닷없이 나타나는 새순과 통나무와 바짝 마른 바람의 물가를 오래오래 좋아했다. 한참 전의 일이다. 그 후로 드문드문 소식을 끊지 않은 밴쿠버 친구들의 사진이 도착했다. 언제나 이곳을 그리워했다. 다시 오기까지는 15년이 걸렸다. 왜 그랬는지는 잘 모르겠다.

오늘도 짐을 챙겨 잉글리시 베이에서 보고 싶던 풍경을 오래 보고 있다. 거위들은 보이지 않는 햇살을 먹으려고 잔디를 뒤진다. 여자는 한 시간째 홀로 붉은색 책을 읽고 있었는데 슬쩍 보니 영어가 아닌 다른 말로 쓰여 있었다. 혼자 여행을 온 것인지 모른다. 한참 휴대폰을 만지작거리던 소녀는 깔깔깔 웃더니 전화기 건너의 누군가에게 보여주려는 듯 나뭇가지들이 모아둔 노을을 몇 번이나 찍었다. 사내는 나처럼 사람들을 관찰하거나 멍하니 바다 건너를 바라봤다. 어느 평범한 오후는 아무것도 평범할 것이 없었다. 모두가 특별한 이야기를 들고 와서 차린 보통의 저녁. 무엇도 나를 쫓거나 기다리지 않는다. 시간은 헐겁고 넘쳤다.

그리고 그날 밤 일기에는 단 두 줄이 적혔다.

가끔 이래도 된다면.

가끔 이래도 된다면.

LIFEGUARD PATROL
BETWEEN RED BUOYS
VANCOUVER
BEACHbylaws
Questions? Call

노을
――――― 뒷자리

(09)

해가 지는 때는 하루 중 가장 그윽한 온도를 가진 시각이다. 사람들은 잠시 저녁을 멈추고 하늘과 바다가 서로를 비벼 지핀 불의 온기를 확인했다. 수평선이 기어이 끓어올랐는지 알 수는 없으나, 뒤돌아보면 당신은 언제나 내 옆에 있었다. 아무리 의심해도 삶은 현기증이 날 정도로 아름다울 뿐. 꺼지면서 더 환하게 타는 것을 더는 모른척하지 않을 용기라면 충분했다. 절실한 당신이 얼음 같은 시절마다 노을을 지필 것이므로. 모래사장에 서로 가장 귀한 것을 내려놓고 이제는 밤 속으로 당신과 걸어 들어가도 후회하지 않겠다.

노을을 이고 돌아가는 걸음만 보아도 그들이 서로에게 무엇인 줄 알 수 있다. 그이들 뒷모습이 찍고 싶어 잠시 멈춰 시간을 보냈다.

한참 뒤를 따라가며 보고, 만지고, 흠모했다.

길마다 노을을 피우는 사람이 있었다.

발꿈치마다 호기롭게 사랑이었다.

LIFEGUARD
ONLY
SUN

캠핑의 ——— 날들

10

로키산맥의 평원에는 하루의 집들이 차려졌다. 숲이 저의 가장 연한 부위를 내어놓고 사람을 불러들일 때 세상에 이렇게 완벽한 접대가 또 없다. 누군가 원주민의 노래를 알은체한다. 풀의 이름을 배우는 것은 땅에 대한 존경이라고 들었다, 땅은 인간의 소유가 아니라 인간이야말로 땅의 것이라는 말도 들었다, 그런 노래다.

낡은 캠핑장비들을 가만히 닦고 있으면 삶은 잠시 멈추는 듯했다. 그제야 우리가 원래 무엇에, 어디에 속했던 것인지 분명해지던 날들이었다. 고작 하룻밤의 집을 짓겠다. 1평의 작은 방에는 따로 문패를 달지 않아도 박새와 이슬과 삼잎국화가 찾아들겠다. 물의 곁으로, 바람의 사이로, 숲의 날숨이 들리는 곳으로. 오늘은 텐트 한

동을 내어주고, 인간을 훌쩍 뛰어넘는 것들과 오래 꿈을 꾸겠다.

산 끝마다 신이 살았다.

희망이란

11

누구의 뜻도 아니겠으나 결국 늙고 버려진 것에게
우리는 다만 꽃을 주고 싶었다.

앨버타에서 BC로 넘어오는 길
나이 들어 아무짝에도 쓸모없는 차를 세워두고
보닛에 잔뜩 해당화를 채운 마을을 만났다.

지도에 적혀있는 이 마을의 이름은 희망HOPE였다.

NO
PUBLIC
ACCESS

시간여행자들

(12)

다자이 오사무의 소설《인간 실격》에는 비극·희극 놀이가 등장한다. 한 사람이 어떤 단어를 말하면 다른 사람은 그 단어가 자신에게 희극인지 비극인지 밝히는 게임. 이를테면 내가 사랑이라는 단어를 꺼내놓으면 당신은, 당신에게 이 낱말이 희극에 가까운지 비극에 가까운지 판단하고 왜 그런지를 설명하는 거다. 무엇이든 소재가 될 수 있다. 돈, 결혼, 회사, 가족, 은퇴, 청춘, 여행…… 몇 번인가 친구들과 이 놀이를 한 적이 있다. 내게는 너무 당연하게 희극에 연결되는 단어가 누군가에게 비극이고, 내게 비극인 단어가 반대로 다른 사람에게는 희극에 가까웠다. 게임의 막바지. 녀석 중 하나가 던진 마지막 질문은 이거였다. 나이 든다는 건? 어른이 된다는 건? 나는 비극과 희극 사이를 잠시 오간다.

밴쿠버에서 지내는 동안 내게 거실을 내주고 있는 친구에게 가장 최근에 운 적이 언제인지 물었다. 그냥 차를 마시다 별 뜻 없이 건넨 질문이었다. 그는 엊그제라고 답했다. 왜? 라고 물었다. 사랑하는 사람이 있는데 아무리해도 가질 수 없기 때문이란다. 그는 두 번의 이혼을 했고 쉰을 넘었다. 아무리 시간이 지나도 사람에 대한 목마름은 사라지지 않았다. 나는 다시 나이 든다는 것에 대해 생각했다.

여행에서 만난 아이들의 사진을 찍다가 당신을 떠올렸다. 당신이 결혼하고, 아이를 낳고, 그 아이를 기르고, 다시 둘째를, 셋째를 낳는 동안 나는 그저 나를 생각했다. 나를 생각하고, 나를 생각하고, 다시 나를 생각했다. 슬픈 건 그런데도 아직 내 안에서 아무것도 찾지 못한 데 있다. 당신은 혼자 삶의 다음 장면으로 넘어가고 있었다. 그날 밤 내내 나는 어른이 된다는 의미를 벌처럼 생각했다.

우리가 되고 싶었던 수많은 무엇. 그들 중 어떤 건 미치도록 힘을 다해도 닿을 수 없고 이룰 수 없다. 방법은 없다. 누구의 잘못이 아니다. 노력이 부족해서도, 간절함이 덜해서도 아니다. 우리의 의지와는 상관없이 그냥 처음부터 도착할 수 없고, 가질 수 없고, 배울 수 없는 무언가 있는 거다.

사람들은 모두 결코 버릴 수 없을 것 같았던 무언가를 버리며 비로소 어른이 된다. 희극인지 비극인지 알지 못하겠다.

RALPH
FIENNES
Reader

그를
——— 용서하기 위해서

13

용서하기.

언젠가 5년이 넘게 세계를 여행하고 다닌다는 사람과 다인실 호스텔 방을 둘이 쓴 적이 있다. 그도 나도 영어가 서툴러서 서로 하는 말의 절반은 놓치고 나머지 반쯤 이해했다. 그는 자기 여행에서 가장 중요한 건 나를 용서하는 일이라고 말했다. 왜 그런 거냐고 물었다. 한참 동안 이어진 그의 대답을 이해하지는 못했다. 그러나 나는 그 말을 독선적으로 해석하고 여러 번 고개를 끄덕였다.

엊그제 인스타그램을 통해 메시지 하나를 받았다. 자신을 독자라고 소개하더니, 내게 뜬금없이 후회라는 감정이 어떻게 자신에게 아름다워질 수 있느냐 물었다. 그 질문의 진짜 뜻이 무엇인지 알지도 못하면서, '그냥 같이 살 수밖에 다른 방법이 없으니까요'라고 답했다. 함부로 건드리기 어려운 마음을 어떻게 대해야 하는지 나는 손톱만큼도 알 수 없지만, 적어도 그들과 함께 우리가 살아남아야 한다는 정도는 눈치채고 있었다.

마음은 그런 거다. 자기란 그런 거다. 절반은 내 것이고 절반은 내 것이 아니다. 자기 마음을 다 갖고 사는 사람은 없다. 자신을 이해한다는 말과 자신을 용서한다는 말은 결국 수많은 자기 중에 가장 약하고 초라한 자기까지 함께 데리고 살겠다는 뜻이다.

도망치는

——— 사람들

14

호주에서 왔다는 여자가 세컨드비치에서 하모니카를 불고 있었다. 그 소리가 너무 짠해서 그녀 주위를 맴돌다가 눈이 마주쳤다. 잠깐 용기를 내서 무슨 노래가 그리 울컥하냐고 물으니 그녀는 석 달을 빈둥거린 끝에 연주할 수 있게 된 노래라고 했다. 나는 하모니카를 부를 줄 모르지만, 아무리 그래도 무슨 그런 노래가 다 있을까? 어떤 곡은 잘 불려고 연습을 하면 할수록 실뭉치처럼 엉켜버린단다.

당신에 관해 쓰려고 앉았다가 일어섰다. 하얀 화면 위에 깜빡거리는 커서만 지켜보다가 빈 파일을 닫았다. 아무것도 쓸 수 없다. 매번 그랬다. 너무 많기 때문이다. 당신을 향한 수많은 말들이, 못다 한 속삭임이, 당신을 기억하는 내가 아직 치열하다. 우리 둘이 쪼

BIENVENUE AU VIEUX PORT
Edmond Dantes
MARSEILLE

개 나눈 기억들이 아직 생생하다. 그래서 너무 많아서 아무 할 말이 없다.

이때 필요한 건 단 하나였다. 단출해지는 연습. 가만히 오감의 문을 잠그고 마음에 가득 차서 넘치는 이야기를 할 수 있는 한 다 비워내는 것. 한참을 그것들에서 스스로 멀어지는 거다. 멍하게 커피가 식는 걸 바라보고, 하늘에 구름이 활짝 폈다가 지는 걸 빈둥빈둥 지켜보는 거다. 시간을 낭비하고, 가슴을 회피하고, 아직 발길이 닿지 않았던 골목을 헤매고, 낯선 도시에 마음을 버려두는 거다.

자신을 함부로 방치할 수 있는 마음. 그게 가장 귀할 때가 있다. 지금은 다 알지 못하지만 언젠가 알게 된다. 이해할 수 없지만 이해하게 된다. 용서할 수 없지만 용서하게 되고, 보낼 수 없지만 보내게 된다. 지금은 한숨조차 새어 나오지 못해도 언젠가 노래할 수 있게 된다. 가슴에 바람이 불고, 작은 가지들 실컷 흔들다 보면 다 안게 된다.

우리는 실은 언제나 도망칠 수 있다. 결국 지나올 것이고, 나머지는 시간의 일이다.

스무 살

15

그 밤 바다로 나갔지. 바다를 은하수로 잘못 알고 쏟아진 별들은 저녁마다 수천 톤이 넘었지. 바다는 젊고 호기로운 이들을 골라 밤까지 별을 지켰고. 달이 차면 별들을 올려보내려 은하수와 바다는 경계를 지웠지. 바다와 하늘을 구분 짓는 건 그러니 어리석은 일이지.

좀 전까지 서로를 모르던 사람들이 은하수인지 바다인지 구별되지 않는 밤에 취해 고백이 깊었다. 술과 담배와 약이 쌓이고, 근처에선 가끔 불평이 들렸다. 바보 같은 시절이었다. 외롭지 않은 시절이기도 했다.

오직

——— 한 사람을 위한 여행

16

가만히 밖으로 나가 문을 잠그고 뒤돌아서면 저렇게 많은 길이 말을 걸다 지나간다. 생각해보면 목마른 기분으로 여행을 떠났던 마음은 부끄러운 마음이었다. 안에 일어나고 쓰러지는 많은 자기 의심을 피해 숨을 곳이 필요했던 마음이었다. 그러나 막상 길 위에서 역시 자기에 대한 의심을 어쩌지 못했다. 삶이 여행이라는 건 실은 잔인한 말이다. 닿을 수 없는 집을 평생 그리워하며 살게 될 거라는 뜻이다. 겨우 찾은 것들을 떠나야 한다는 의미다. 다른 세상에 언제나 목마르게 될 거다. 여행이 회피인 동시에 결국 자신에게 더 가까이 가려는 몸부림이고, 자기를 다 가지려는 욕구라면 여행의 매 순간 실패했다고 고백해야 할 것 같다. 아주 오래 스스로 비겁하다는 생각에 잠겨있다.

그러나 알면서도 기어이 다시 짐을 챙긴다. 많은 아쉬움과 숱한 실패에도 불구하고 좀 더 깊고 떳떳한 어디로 데려다줄지 모른다는 꿈을 꾼다. 가장 깊은 자기에게, 그래서 끝내 당신에게, 그렇게 수많은 오직 한 사람에 한 걸음 더 닿을 수 있으리라 헛된 믿음을 다시 잡는다. 충동적인 열병도 좋았고, 어떤 병리 현상 같은 것이래도 상관이 없었다.

한때는 자기 자신으로 사는 게 가장 간편한 일이라고 생각했다. 세상의 시선에 크게 휘둘리지 않고 자신을 정의하고 느낀다는 건 틀림없이 편안한 일이어야 했다. 그러나 한참이 지나 그게 실은 얼마나 두렵고 고단한 일인지 생각하게 됐다. 자기가 누구인지 안다는 건, 또 무엇이 귀한지 찾고 지킨다는 건, 더 나아가 그런 자신에게 당당하거나 심지어 때론 자기를 지운다는 건 어떤 결단이나 용감함이 있어야 하는 문제였다. 여행의 길마다 장면마다 그들이 있었다. 집 없는 곳에서 두려움을 지우고, 멀던 이들이 서로 만나 불을 지피며, 캄캄한 아래까지 자신을 들여다보는 우물 같은 사람들이었다.

그러니 다시 우리는 속기로 하자. 무모하고 바른 날들이 저기 기다리고 있다고 믿기로 하자. 부끄럽고 무력하고 좁은 마음 깊은 곳으로, 깊은 곳에 이르러 더 깊은 곳으로 천천히 걸어 들어갈 수밖에 없다.

다시 한 사람을 향한 여행이다.

Epilogue

눈을 감았다가 뜨면 이제
세상이 끝나는 절벽 앞에
가장 마지막 밤이면 좋겠다.

정말 그곳은 마침표 같은 곳이어서
어디로 더 멀리 찾아갈 곳도
더 기다릴 시간도 없으면 좋겠다.

어떤 가슴을 가졌든 상관없이
사람들이 모두 한꺼번에 자기를 끄면서
이렇게 말하는 거다.

이제 정말 가슴을 다 태웠어요.

그리고, 서로에게 건네는 제일 마지막 인사.

당신이 했던 모든 것들.
그래요, 당신은 결국 맞았어요.

오직 한 사람을 위한 * 여행

초판 1쇄 인쇄 2018년 4월 3일
초판 1쇄 발행 2018년 4월 9일

글 · 사진 양정훈
펴낸이 변태식
펴낸곳 (주)부즈펌

책임편집 박석현
책임디자인 김미지
총괄 박승열
마케팅사업부 김대성
경영관리부 강나율
제작 (주)지에스테크
종이 성진페이퍼

주소 서울시 강남구 봉은사로 50길 20 부즈빌딩 3층
전화 02-564-6006
팩스 02-564-8626
이메일 editor@voozfirm.com
출판등록 2005년 12월 8일 제16-3790호

ISBN 979-11-87504-44-3 (03920)